Basiswissen

Methodik der Fallbearbeitung im Studium und Examen

Wie schreibe ich eine Klausur?

2018

Dr. Uwe Pense
Richter am Landgericht

Dr. Jan Stefan Lüdde
Rechtsanwalt und Repetitor

ALPMANN UND SCHMIDT Juristische Lehrgänge Verlagsges. mbH & Co. KG
48149 Münster, Alter Fischmarkt 8, 48001 Postfach 1169, Telefon (0251) 98109-0
AS-Online: www.alpmann-schmidt.de

Dr. Pense, Uwe
Dr. Lüdde, Jan Stefan

Basiswissen
Methodik der Fallbearbeitung im Studium und Examen
Wie schreibe ich eine Klausur?

3. Auflage 2018
ISBN: 978-3-86752-411-7

Verlag Alpmann und Schmidt Juristische Lehrgänge
Verlagsgesellschaft mbH & Co. KG, Münster

Unterstützen Sie uns bei der Weiterentwicklung unserer Produkte.
Wir freuen uns über Anregungen, Wünsche, Lob oder Kritik an:
feedback@alpmann-schmidt.de

1. Abschnitt: Einleitung

A. Überblick – Was ist Methodik?

Ab dem ersten Semester müssen Sie **Semesterabschlussklausuren** schreiben. Auch zum Bestehen des ersten Juristischen Examens wird nach den Prüfungsordnungen der Bundesländer als Prüfungsleistung die Anfertigung von **Examensklausuren** verlangt. Dieses Methodik-Lernbuch gibt Ihnen für beide Situationen die entscheidenden Hilfestellungen.

In juristischen Klausuren wird eine Fallbearbeitung, d.h. die Lösung eines Falles verlangt. Der **Fall** besteht aus einem Falltext (konkreten tatsächlichen Ereignissen) und ein oder mehreren, mehr oder weniger konkreten **Fallfragen**. Ausgehend von der Fallfrage müssen Sie den Fall mit Hilfe der Gesetze und ihres abstrakten Wissens hierzu **rechtlich bewerten**. Punkte sammeln Sie weniger mit „dem" richtigen Ergebnis, welches es ohnehin nicht gibt. Entscheidend ist vielmehr, dass Sie ihr Ergebnis verständlich **begründen**, sodass der Leser ihre Gedankengänge nachvollziehen kann.

Die gestellten Arbeiten sollen einen rechtlich und tatsächlich **einfachen Fall** betreffen, der dem Prüfling Gelegenheit gibt, seine Fähigkeiten zur Erörterung von Rechtsfragen darzutun. Diese Vorgabe stößt bei Studenten oft auf Verwunderung, empfinden sie die zu lösenden Fälle oft als schwierig. Das liegt nicht zuletzt daran, dass das Lösen von Fällen und das Schreiben von Klausuren über Jahre, idealerweise **ab dem ersten Semester trainiert** werden müssen, um beherrscht zu werden. Die Lage, in der ein Studienanfänger sich befindet, ist insofern vergleichbar mit der Situation vor dem ersten Schwimmunterricht oder dem Erlernen des Radfahrens.

Ganz wichtig ist, dass Ihnen die folgenden Inhalte und Beispiele zwar in aller Regel eine wertvolle Hilfe und eine gute Richtschnur sein werden. Es lässt sich aber immer eine krass atypische Situation konstruieren, welche dann eben auch einer atypischen Herangehensweise bedarf. Wie in der gesamten Juristerei gilt daher auch für die Methodik des Klausurenschreibens: **Es kommt immer auf den Einzelfall an! Keine Regel ohne Ausnahme!**

Die Juristerei ist zwar zu einem großen Teil von **mathematisch-logischem Denken** geprägt, aber die wirklich anspruchsvollen Konstellationen entstehen gerade dann, wenn dieser **Prozess kreativ durchbrochen** wird. Daher stehen die Chancen nach wie vor gut, dass Computer auch langfristig juristische Fälle nicht zufriedenstellend werden lösen können. Für Sie bedeutet das: Wenn Sie es schaffen, dieses Wechselspiel der Herangehensweisen zu meistern, dann werden Sie einen zukunftssicheren Beruf ergreifen können.

Klausuraufgabe ist in aller Regel nicht die Darstellung abstrakten Wissens, sondern die **Lösung eines konkreten Falls**. Zur Bewältigung dieser Aufgabe benötigen Sie zweierlei:

- Erforderlich sind solide, **abstrakte Kenntnisse der Rechtsordnung** und der gängigen **Definitionen** ihrer Begriffe **(Dogmatik)**. Sie lassen sich mit auf das Wesentliche konzentrierten Skripten, Aufbauschemata, Karteikarten und Definitionssammlungen (z.B. aus dem umfangreichen Verlagsprogramm von Alpmann Schmidt) erarbeiten. Für die vollumfängliche Heranziehung von umfangreichen Lehrbüchern fehlt Ihnen in der Regel die Zeit, punktuell können sie aber bei der Vertiefung nützlich sein. Idealerweise fertigen Sie auch eigene Karteikarten o.ä. an, denn Wissen erlernt man besser, wenn man es nicht passiv konsumiert, sondern sich aktiv „von der Hand in den Kopf" zuführt.

- Daneben ist es ebenso wichtig, durch **Subsumtion** das **Recht auf einen konkreten Fall anwenden** zu können (**Methodik**). Das beste abstrakte Wissen nützt nichts, wenn man es nicht richtig anzuwenden weiß. Dieses Methodik-Lernbuch vermittelt Ihnen die **grundlegenden, allgemeingültigen Kenntnisse** für diesen zweiten Schritt (während die Falllösungen in den übrigen Produkten von Alpmann Schmidt diese Kenntnisse voraussetzen und sie am konkreten Fall anwenden).

Machen Sie nicht den Fehler, zu wenig Zeit auf das Erlernen und Üben der Methodik zu verwenden. Sie müssen sich zwar enorm umfangreiche Kenntnisse der Dogmatik aneignen, aber in jeder Klausur benötigen Sie davon nur einen ganz geringen Teil – es steht nur leider nicht fest, welchen. Es kann gut sein, dass Sie in sämtlichen Klausuren bis zum 2. Staatsexamen nicht ein einziges Mal einen Fall z.B. zum Werkrecht lösen müssen. Die **Methodik** aber **benötigen Sie bei jeder (!) Falllösung**, und bereits dieses einzelne Methodik-Lernbuch in Ihren Händen vermittelt Ihnen komprimiert die klausurrelevanten Kenntnisse.

Nur für eine richtige bzw. zumindest vertretbare und überzeugend begründete Lösung gibt es die erforderlichen Punkte für das Bestehen des Examens. Damit ergeben sich die **entscheidenden Fragen**: Wie schreibe ich eine Klausur? Wie finde ich die richtige Lösung? Wie stelle ich meine Lösung überzeugend dar?

Diese Fragen sind der Ausgangspunkt für das vorliegende **Methodik-Lernbuch**. Ihnen wird die Arbeitsweise bei der Fallbearbeitung vermittelt. Es wird dargestellt, in welchen einzelnen **Arbeitsschrit-**

ten auf dem Weg zur fundiert begründeten Lösung vorzugehen ist und welche **Arbeitstechniken** dabei anzuwenden sind.

Die Arbeitsweise ist **für alle Rechtsgebiete** – Zivilrecht, Öffentliches Recht und Strafrecht – **im Wesentlichen gleich**. Sie wird daher gebietsübergreifend dargestellt, unter Benennung rechtsgebietsspezifischer Besonderheiten.

Und: Versuchen Sie, **jedes Beispiel** nachzuvollziehen, indem Sie die entsprechende **Norm nachschlagen!** Die Beispiele sind so gewählt, dass Sie auch für Studienanfänger verständlich sind. Auch, wenn Sie noch nicht die großen gedruckten Gesetzessammlungen besitzen, finden Sie jede Norm kostenlos und schnell mit Hilfe entsprechender Suchmaschinen oder Apps. Dieses Methodik-Lernbuch vermittelt Ihnen den Umgang mit dem Gesetz, also müssen Sie **in das Gesetz hineinschauen**!

B. Arbeitsbereiche und Arbeitsschritte der Fallbearbeitung

Die Arbeitsschritte lassen sich **drei Arbeitsbereichen** zuordnen: **„Sachverhalt“** (Arbeit am Sachverhalt), „**Begutachtung**“ (Gedankliche Erarbeitung der Lösung anhand des Gesetzes) und **„Gutachten“** (Anfertigen des schriftlichen Gutachtens).

- Innerhalb des **ersten** Arbeitsbereichs **(Arbeit am Sachverhalt)** drei Arbeitsschritte **(Schritte 1, 2, 3)**: Sie müssen den Sachverhalt vollständig und richtig kennen und beherrschen. Dazu müssen Sie ihn aufnehmen (1), aufbereiten (2) und schließlich kontrollieren (3).
  Die Arbeit am Sachverhalt erfordert die **richtige Lesetechnik**.
- Innerhalb des **zweiten** Arbeitsbereichs **(Begutachtung des Falles)** fünf Arbeitsschritte **(Schritte 4, 5, 6, 7, 8)**: Der Sachverhalt muss in Richtung auf die Fallfrage juristisch bewertet werden. Sie müssen die Fallfrage aufnehmen und aufbereiten (4), Rechtsnormen sammeln und ordnen (5), diese anwenden (6) und ihre Überlegungen dabei in einer Lösungsskizze festhalten (7) und schließlich Ihre Lösung kontrollieren (8).
  Bei der Begutachtung des Falles geht es um die Anwendung der **richtigen Denktechnik** (3. Abschnitt).
- Innerhalb des **dritten** Arbeitsbereichs **(Gutachten als Lösung)** zwei Arbeitsschritte (**Schritte 9, 10):** Der Gedankengang der rechtlichen Beurteilung des Falles muss schriftlich ausformuliert werden. Sie müssen auf Basis der Lösungsskizze ein Gutachten

anfertigen (9), welches Sie ebenfalls einer Schlusskontrolle unterziehen müssen (10).
Bei der Erstellung des Gutachtens geht es um die Beherrschung der **richtigen Schreibtechnik** (4. Abschnitt).

Anfangs sollten Sie die Schritte und Arbeitsbereiche strikt voneinander **trennen und einhalten**, um sauber zu arbeiten und nichts zu vergessen sowie um eine Leitlinie zu haben, der Sie folgen können. Als **Fortgeschrittener** werden Sie dann immer öfter merken, dass die Schritte und gelegentlich auch die Arbeitsbereiche **ineinander übergehen**. Auch insofern ist es also wie beim Schwimmen oder Radfahren, welches irgendwann „automatisch" geschieht. Dieser Übergang ist kein Problem, solange sie nur stets daran denken, dass man **immer zuerst den Fall kennen muss, bevor man ihn gedanklich und sodann schriftlich lösen kann**.

C. Beispielsfall

Vollziehen Sie den Lösungsweg des folgenden Falles im Verlauf dieses Lernbuchs **nach**. Die einschlägigen Regelungsbereiche werden Sie zwar erst nach einigen Semestern sämtlich kennen. Aber gerade deshalb eignet sich der Fall zur Verdeutlichung auch für Leser im ersten Semester, eben weil sie die Lösung nicht ansatzweise auswendig kennen werden und daher umso mehr auf die Anwendung der Methodik angewiesen sind.

Der Pinscher-Fall

F geht mit ihrem angeleinten Pinscher spazieren. Der Pinscher wird von einem freilaufenden Schäferhund angefallen. F ruft: „Hilfe!" A trennt die Hunde, dabei wird er von dem Schäferhund gebissen und sein Anzug wird beschädigt. Der Halter des Schäferhunds ist nicht bekannt. A verlangt von F Ersatz. Zu Recht?

2. Abschnitt: Erster Arbeitsbereich: Arbeit am Sachverhalt (juristische Lesetechnik)

Die **Aufgabe** besteht zunächst darin, sich den richtigen Sachverhalt, also das **tatsächliche Geschehen**, zu erarbeiten.

Es dürfen nur die im Sachverhalt genannten Tatsachen der rechtlichen Beurteilung zugrunde gelegt werden. Grundsätzlich gilt: Der Sachverhalt ist heilig. Der Fall ist zu lösen, wie er zur Aufgabe gestellt worden ist. Es dürfen **keine Tatsachen hinzugefügt oder**

weggelassen werden. Vor einer Sachverhaltsmanipulation (sog. „Sachverhaltsquetsche") wird eindringlich gewarnt.

Die folgenden Techniken sind lediglich – obgleich seit Generationen von Juristen bewährte – **Anregungen**. Sie dürfen und sollen durch Abwandlungen und Ergänzungen **ihre persönliche Technik** entwickeln, mit der Sie persönlich am besten zurechtkommen. Das ist auch eine Typfrage und es spielt keine Rolle, ob irgendjemand außer Ihnen selbst diese Technik nützlich findet.

Zudem müssen Sie in jedem **Einzelfall** entscheiden, welche Technik(en) Sie schwerpunktmäßig, nur am Rande oder überhaupt nicht nutzen. Die Techniken sind kein Selbstzweck und Sie erhalten für ihre Beherrschung auch nicht unmittelbar eine Note, sondern sie dienen alleine **dem zentralen Ziel** des ersten Arbeitsbereichs: Sie müssen **den Fall vollständig und zutreffend erfassen**.

A. Aufnahme des Sachverhalts (1. Schritt)

Zuerst müssen Sie den Fall **richtig und vollständig aufnehmen**. Sie müssen den Sachverhalt erfassen und die Sachverhaltsumstände sammeln und gegebenenfalls ordnen.

I. Erfassen des Sachverhalts

1. Lesen des Falltextes

Sobald Sie den Sachverhalt erhalten, schauen Sie als erstes, ob er auf der **Rückseite** weitergeht. Dann **lesen** Sie den Sachverhalt gründlich und konzentriert durch, und idealerweise **zweimal**.

Auch, wenn Sie meinen, den Sachverhalt bereits genau verstanden zu haben, ist es ratsam, **während der sich anschließenden Fallbearbeitung** immer wieder in den Sachverhalt zu schauen. Eine umfassende und gute Falllösung wird insbesondere mit einem ständigen Hin- und Herwandern des Blicks zwischen Sachverhalt und rechtlicher Begutachtung entwickelt **(Pendelblick)**.

2. Erfassen und Hineindenken in den Sachverhalt

Das Erfassen des Sachverhalts erfordert ein **aktives Hineindenken** in den Fall. Versuchen Sie, **sich selbst als Teil der Geschichte zu sehen** und den Fall „wie selbst erlebt" zu betrachten.

Folgende **Techniken** können Sie anwenden:

- Bei der **Rollentechnik** versetzt man sich in die Situation der verschiedenen im Fall beteiligten Personen. Aus der Sicht jeder einzelnen Person sind deren Interessen zu erfassen und nachzuvollziehen. Hierbei kann es insbesondere im Zivilrecht hilfreich sein, auch wirtschaftliche Interessen zu berücksichtigen (Was ist gewollt, und warum?). Aus dem Interesse einer Person lässt sich das rechtliche Begehren ableiten, das dann später im Rahmen der juristischen Begutachtung Ausgangspunkt für das Anspruchs- oder Klagebegehren ist.

- Bei der **Filmtechnik** lässt man das Geschehen wie einen Film vor seinem geistigen Auge ablaufen. Die bildliche Betrachtung dient dazu, den Fall in seiner Gesamtheit und in der Abfolge der Ereignisse aufzunehmen. An bestimmten Stellen hält man den Film an und fragt nach der rechtlichen Relevanz des gezeigten Verhaltens und den subjektiven Vorstellungen der beteiligten Personen. Diese Technik empfiehlt sich insbesondere, wenn die Strafbarkeit von mehreren aufeinanderfolgenden Handlungen oder die Rechtmäßigkeit mehrerer (polizei-)behördlicher Verwaltungsakte zu beurteilen ist.

- Bei der **Erzähltechnik** erzählt man die einzelnen Ereignisse der Geschichte des Sachverhalts einem fiktiven Zuhörer, der den Fall nicht kennt. Insbesondere bei sehr abstrakten Sachverhalten (in einigen Bereichen des öffentlichen Rechts und des Sachenrechts) funktioniert diese Technik besser als die Rollen- oder Filmtechnik.

II. Sammeln der Sachverhaltsumstände

1. Sachverhaltsumstände

Sachverhaltsumstände sind alle im Sachverhalt geschilderten tatsächlichen Umstände. Dazu gehören insbesondere das **Verhalten** von Personen und sonstige Geschehnisse sowie die **Eigenschaften** von Personen oder Gegenständen. Hinzu kommen weitere **Daten**, beispielsweise Zeitangaben oder Maßangaben.

2. Sammeln

Grundsätzlich ist davon auszugehen, dass **alle Sachverhaltsumstände** für die Lösung relevant sein können. Daher müssen Sie in der ersten Phase der Bearbeitung grundsätzlich ausnahmslos alle Sachverhaltsumstände erfassen. Jedes Detail, mag es zunächst auch noch so unwichtig erscheinen, kann für die rechtliche Beurteilung bedeutsam sein.

Vielfach enthält der Sachverhalt Angaben, die für die spätere rechtliche Beurteilung nicht relevant sind. Diese sollen in der Regel den Sachverhalt anschaulich machen und in einen Sinnzusammenhang bringen, selten handelt es sich aber auch um bewusste Finten des Aufgabenstellers. Es wäre jedoch verfehlt, bereits jetzt Sachverhaltsumstände auszuscheiden, weil sie keine Bedeutung für die Falllösung zu haben scheinen. **Treffen Sie keine vorschnelle Auswahl**. Diese Beurteilung kann erst im Rahmen der späteren juristischen Begutachtung getroffen werden und mitunter ist sogar eine punkteträchtige Begründung geboten, weshalb ein Umstand (als Finte des Aufgabenstellers) gerade nicht relevant sein soll.

3. Ideenzettel

Sie sollten bereits bei der Aufnahme des Sachverhalts durch Sammeln der Sachverhaltsumstände einen Ideenzettel anlegen. Auf diesem Zettel können Sie die ersten **spontanen Ideen** notieren. Es kann sich um erkannte Probleme, Parallelfälle, ein Argument bzw. eine Norm oder sonstige auffällige Besonderheiten handeln. **Die ersten Ideen sind oft die besten!** Im weiteren Verlauf der Bearbeitung sollten Sie immer wieder auf diesen Zettel schauen. Am Ende sollten Sie sämtliche Notizen abgearbeitet haben – sei es durch Aufnahme in Ihre Lösung oder durch Streichung.

III. Ordnen der Sachverhaltsumstände

Der Falltext schildert den Sachverhalt meist in chronologischer Reihenfolge. Manchmal werden aber einzelne Umstände auch nachgeschoben oder mit der Fallfrage verbunden. Dann sollten Sie den Sachverhalt zunächst **chronologisch ordnen**.

Es kann allerdings geboten sein, den Sachverhalt abweichend von einer chronologischen Reihenfolge zu betrachten. Sie können ihn nach **Sachverhaltsabschnitten**, nach **Personen** oder nach **Rechtsfolgen** aufgliedern.

1. Ordnen nach Sachverhaltsabschnitten

Eine Aufgliederung in Sachverhaltsabschnitte bietet sich an, wenn der Sachverhalt aus unterschiedlichen **eigenständigen Lebenssachverhalten** besteht, die derselben oder verschiedenen Personen widerfahren.

Beispiele:

A hat bei B am 10.05. ein Darlehen über 10.000 € sowie am 10.06. – gemeinsam mit ihrem Ehemann M – ein weiteres Darlehen über 17.000 € aufgenommen.

A beleidigt B am 10.05. und bestiehlt C am 20.05.

2. Ordnen nach Personen

Eine Aufgliederung nach Personen ermöglicht es, ihre **Beziehungen zueinander** zu betrachten.

Beispiele:

A hat einen Vertrag mit B, B hat einen Vertrag mit C und A, B und C haben einen dreiseitigen Vertrag miteinander.

A beleidigt B, bestiehlt C und zündet das Haus von B und C an.

3. Ordnen nach dem Begehren

Die Aufgliederung nach dem Begehren der Personen ermöglicht es, sich ihre **Ziele** und **Interessen** zu verdeutlichen. Hieran anknüpfend können Sie sodann – in einem späteren Schritt, s.u. – diejenigen Rechtsnormen suchen, mit deren Rechtsfolge sich das Begehren verwirklichen lässt.

Beispiele:

A verlangt von B Schadensersatz. B verlangt gegenläufig von A Herausgabe und Übereignung einer Sache.

A strebt eine Baugenehmigung für ein Gebäude an. B möchte, dass es dem A untersagt wird, sein Gebäude als Bordell zu nutzen.

B. Optische Aufbereitung des Sachverhalts (2. Schritt)

Um die Aufnahme des Sachverhalts zu fördern, sollten Sie ihn nicht nur gedanklich verinnerlichen, sondern auch **optisch veranschaulichen.** Insbesondere folgende Techniken haben sich bewährt:

I. Kenntlichmachen von Textpassagen

Das Kenntlichmachen einzelner Textpassagen dient dazu, den Falltext selektiv zu betrachten. Umstände, denen eine **besondere Bedeutung** zukommt, müssen Sie **hervorheben**. Der Text gewinnt dadurch an Struktur und wird zugänglicher.

1. Mittel der Kenntlichmachung

Mit einem **Textmarker** können Sie einzelne bedeutsame Textpassagen hervorheben. Mittels **verschiedener Farben** können Sie zudem bestimmte Umstandsgruppen einheitlich kennzeichnen.

Alternativ oder kumulativ können Sie mit **Unterstreichungen und Einkreisungen** arbeiten. Als Symbole können Sie u.a. verwenden:

- Linie ——— z.B. für Handlungen
- Doppellinie ═══ z.B. für Erfolge
- unterbrochene Linie - - - - z.B. für innere Gedanken
- Kreis ○ z.B. für Personen
- Oval ⬭ z.B. für Eigenschaften
- Rechteck ▭ z.B. für Gegenstände

2. Objekte der Kenntlichmachung

Rechtsgebietsübergreifend können Sie insbesondere **Personen**, deren **Handlungen** und **Wille** sowie **Gegenstände**, **Eigenschaften** sowie **Orts-** und **Zeitangaben** kenntlich machen. Im Übrigen können je nach Rechtsgebiet weitere Umstände bedeutsam sein.

Im **Strafrecht** bietet es sich beispielsweise an, die **Verben** zu unterstreichen. Damit wird das **objektive Verhalten** einer Person deutlich, welches Anknüpfungspunkt für Strafbarkeit ist. Weiter lässt sich mit einer anderen Kennzeichnung das markieren, was die Person **gedacht** hat. Damit wird der **innere Wille** deutlich, der zur Feststellung des Vorsatzes erforderlich ist. Diese beiden Umstände sind entscheidend für die Strafbarkeit des Täters.

Stimmen objektives Verhalten und subjektiver Wille überein, ist eine **Vorsatztat** möglich. Fehlt zu einem objektiven Verhalten der subjektive Wille, kommen **Irrtümer** in Betracht. Ist nur der subjektive Wille gegeben, nicht aber ein objektives Verhalten, kommt eine **Versuchsstrafbarkeit** in Betracht.

3. Umfang der Kenntlichmachung

Eine Kenntlichmachung ist nur dann **effektiv**, wenn sie **selektiv** erfolgt. Sie sollten **sparsam** vorgehen und nur besonders wichtige

Passagen oder Wörter hervorheben. Zudem sollten Sie die Kennzeichnung für den gesamten Falltext **einheitlich** anwenden.

II. Anfertigen einer Fallskizze

In einer Fallskizze auf einem gesonderten Blatt Papier sollten Sie den Sachverhalt bildlich darstellen. Dadurch können Sie **den kompletten Fall auf einen Blick** sehen.

1. Sachverhaltsbeziehungen

Eine Fallskizze über die Sachverhaltsbeziehungen stellt die **Relationen der beteiligten Personen** dar. Insbesondere im Zivilrecht lassen sich damit die Rechtsbeziehungen zwischen den beteiligten Personen (als Rechtssubjekte) untereinander und/oder zu Rechtsobjekten (Sachen und sonstigen unkörperlichen Gegenständen) kennzeichnen. Sie können z.B. folgende Zeichen verwenden:

■ Vertrag	A	B
■ Unwirksamkeit des Vertrages	A	B
■ Anspruch	A	B
■ Erlöschen des Anspruchs	A	B
■ Einrede (für B)	A	B
■ Recht an Gegenstand	A	
■ Übertragung des Gegenstands	A	B

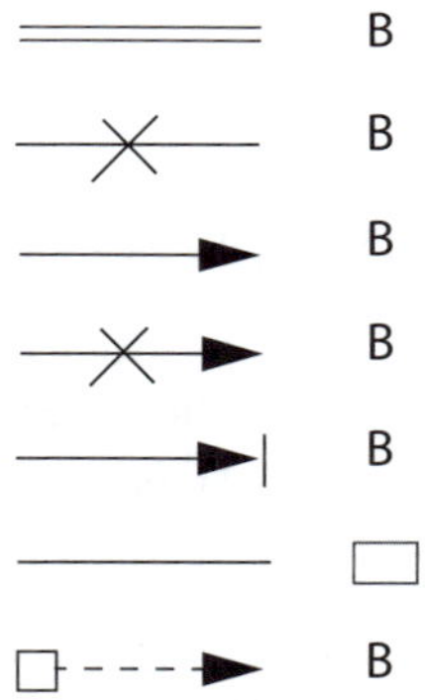

Soweit Ihnen die zugehörigen **Normen** bekannt sind, sollten Sie diese – im Vorgriff auf den zweiten Arbeitsbereich – neben den Zeichen notieren.

Beispiel: Wenn A und B einen Kaufvertrag geschlossen haben, dann schreiben Sie „§ 433" auf den Doppelstrich zwischen A und B.

2. Sachverhaltsverlauf

Sofern der Sachverhalt Zeitangaben enthält, sollten Sie (anstatt oder ergänzend zur Beziehungsskizze) einen **Zeitstrahl** oder eine **Zeittabelle** anfertigen. Dadurch lässt sich Klarheit über die Reihenfolge der Ereignisse gewinnen, insbesondere wenn es auf einen Zeitpunkt oder eine Frist ankommt.

Beispiel für einen Zeitstrahl:

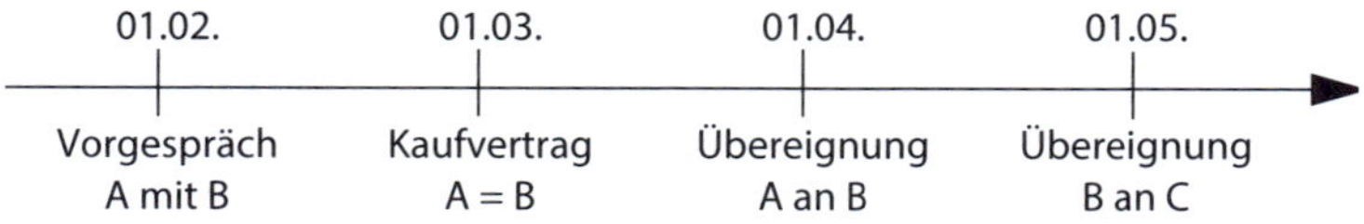

3. Abkürzungen

Abkürzungen helfen, **Zeit für Schreibarbeit einzusparen** und für die Denkarbeit zu schaffen. „§ 491 II" schreibt sich z.B. schneller als „Allgemein-Verbraucherdarlehensvertrag".

Weitere Beispiele:

AR = Anwartschaftsrecht, E = Erbe, FFK = Fortsetzungsfeststellungsklage, G = Gesetz, Gt = Gesellschaft, Gter = Gesellschafter, Gf = Geschäftsführer, GH = Geschäftsherr, GS = Grundschuld, GV = Gerichtsvollzieher, Hyp = Hypothek, ME = Miterbengemeinschaft, RV = Rechtsverletzung, SiÜ = Sicherungsübereignung, V = Vertrag, VA = Verwaltungsakt, Vertr = Vertreter, WE = Willenserklärung

C. Sachverhaltskontrolle (3. Schritt)

Vor der Erarbeitung der Lösung sollten Sie mittels einer kurzen **Selbstkontrolle** überprüfen, ob Sie den Fall wirklich verstanden haben. Gehen Sie den Fall nochmals durch. Eine gute Fallbearbeitung zeichnet sich dadurch aus, dass sie die tatsächlichen Umstände korrekt wiedergibt, bevor sie sie rechtlich bewertet.

Zweckmäßig sind **drei Kontrollüberlegungen**:

I. Kontrollieren auf Vollständigkeit

Sie müssen den Fall in **allen Einzelheiten kennen** und in den Gesamtzusammenhang richtig einordnen können. Es muss Ihnen möglich sein, in allen Einzelheiten einer anderen Person von dem Fall zu berichten. Sie müssen sich fragen: Kenne ich alle Fakten?

II. Kontrollieren auf Verständnis

Wichtig ist, dass Sie den Sachverhalt in seinem Verlauf und seinen Zusammenhängen richtig **nachvollzogen** haben. Es genügt nicht, dass Sie den Sachverhalt wie ein Gedicht auswendig wiedergeben können. Fragen Sie sich: Habe ich die mir bekannten Fakten auch verstanden und kann ich sie mit eigenen Worten wiedergeben?

III. Kontrollieren auf Plausibilität

Der Sachverhalt muss sich für Sie schließlich als **überzeugend** darstellen. Er darf grundsätzlich keine ungeschriebenen Widersprüche zur allgemeinen Lebenserfahrung aufweisen. Sie müssen sich also fragen: Ist der Fall so plausibel?

Ist zum **Beispiel** von einem „Stein in der Luft" die Rede, so wird dieser kaum schweben. Daher müssen Sie eine Erklärung dafür haben, wie er in die Luft befördert wurde und wo er gelandet ist.

D. Besondere Situationen

Bestimmte Konstellationen verlangen eine **spezielle**, vom zuvor Gesagten abweichende **Herangehensweise**:

I. Nicht vollständiger Sachverhalt

Der Aufgabentext kann **unklare, unvollständige oder** – bei einer Klausur mit prozessualer Einkleidung, insbesondere im Zivilrecht – **bestrittene Sachverhaltsangaben** enthalten, sodass eine für die rechtliche Beurteilung erhebliche Tatsache ungewiss bleibt.

1. Grundsatz des heiligen Sachverhalts

Zunächst gilt der bereits erwähnte **Grundsatz**, dass der Sachverhalt als Grundlage der juristischen Arbeit verbindlich ist und inhaltlich **so hingenommen werden muss, wie er vom Aufgabensteller vorgegeben wird**. Insoweit dürfen die im Sachverhalt geschilderten Umstände nicht angetastet werden – der Sachverhalt ist heilig. Auch unwahrscheinliche oder lebensfremde Angaben dürfen nicht in Zweifel gezogen werden, wenn sie vom Aufgabensteller ausdrücklich so vorgegeben werden. Willkürliche Sachverhaltsmanipulationen machen Ihr Gutachten unrettbar.

Grundsätzlich ist auch von der Verbindlichkeit auszugehen, sofern **juristische Fachausdrücke** verwendet werden, sofern also der Aufgabensteller den Sachverhalt selbst rechtlich bewertet hat.

Beispiel: Heißt es im Fall „A leiht sich von seinem Freund B ein Buch.", dann ist grundsätzlich davon auszugehen, dass ein Leihvertrag i.S.d. § 598 BGB geschlossen wurde. Insbesondere schuldet A dem B also keine Gegenleistung.

Allerdings sind juristische Fachausdrücke nicht verbindlich, wenn sie erkennbar **umgangssprachlich** verwendet werden.

Beispiel: Heißt es „A leiht sich beim Autohaus einen Leihwagen.", dann ist damit in der Regel ein entgeltlicher Mietvertrag gemeint, vgl. § 535 Abs. 2 BGB.

2. Unklarheiten und Widersprüche

Verbleiben im Sachverhalt **trotz gründlichen Durchdenkens** Unklarheiten oder gar krasse Widersprüche, so sollten Sie folgende Überlegungen anstellen:

Hat der zweifelhafte Sachverhaltsteil **keine Auswirkung auf die rechtliche Bewertung**, so können Sie ihn **ignorieren**. Wie in einem Film oder Buch lassen sich immer Punkte finden, die der Schöpfer der Erzählung nicht erwähnt, weil er sie für sein Ziel – in unserem Fall: Formulierung eines zu begutachtenden Falls – nicht benötigt. Gerade bei nicht zielrelevanten Umständen ist es auch gar nicht so unwahrscheinlich, dass es sich um ein Versehen handelt – auch Prüfer sind Menschen und machen Fehler.

Ergebnisrelevante Umstände müssen Sie möglichst durch **Auslegung** mit dem übrigen Sachverhalt in Einklang zu bringen. Ziehen Sie dabei die allgemeine Lebenserfahrung, den Gesamtzusammenhang und die Interessen und Motive der beteiligten Personen heran. Der Übergang zum zuvor geschilderten Schritt „Kontrollieren auf Plausibilität" ist dabei fließend.

Es sind **zwei Arbeitsschritte miteinander verwoben**: Ob der tatsächliche Umstand ergebnisrelevant ist, wissen Sie erst nach der **rechtlichen Prüfung** zum Ende des zweiten Arbeitsbereichs. Mit steigender Routine werden Sie – wie beim Radfahren – mit dieser Verwebung ganz selbstverständlich umgehen.

Darüber hinaus ist es hilfreich, sich **in die Person des Aufgabensteller hineinzuversetzen** und den Entwicklungsprozess einer Klausur nachzuvollziehen. Oft sucht der Aufgabenersteller zuerst nach einem rechtlichen Problem, verkettet und kombiniert dies mit anderen rechtlichen Problemen und formuliert erst dann den passenden Sachverhalt dazu – er arbeitet also umgekehrt zu der von Ihnen geforderten Arbeitsweise. Die **Ideallösung** der Klausur verläuft dann die wie eine **Kettenreaktion aus Dominosteinen**: Die Lösung eines Problems auf eine bestimmte Weise führt automatisch zum nächsten Problem usw. Für Sie bedeutet dies, dass Sie bei Unklarheiten und Widersprüchen in die rechtliche Bewertung des Falls einsteigen und schauen müssen, **welche Auslegungsvariante der tatsächlichen Umstände die rechtliche Kettenreaktion fortführt**, und welche Variante in einer Sackgasse mündet. Aus **klausurtaktischer Sicht** sollten Sie dann die weiterführende Variante Ihrer Bearbeitung zugrundelegen.

Beispiel: Der Sachverhalt einer Strafrechtsklausur enthält nach Ihrem Dafürhalten widersprüchliche Angaben dazu, ob alle Merkmale eines Straftatbestands vorliegen. Er wimmelt aber nur so vor Umständen, die im Rahmen der nach dem Tatbestand zu prüfenden Rechtswidrigkeit Probleme aufwerfen. Dann sollten Sie die Umstände annehmen, die zur Bejahung des Tatbestands führen, um sodann die Rechtswidrigkeit prüfen zu können.

Dabei sollten Sie aber den **Aufgabensteller nicht** für die Unklarheit oder den Widerspruch **kritisieren**, das bringt keine Punkte. In aller Regel steckt dahinter nämlich auch bei lösungsrelevanten Umständen keine absichtlich gestellte Falle, sondern – trotz mehrfacher Kontrolle im Vorfeld – schlicht ein menschlicher Fehler. Punkte bringt es daher, wenn Sie mit dieser Situation stillschweigend souverän umgehen.

Ergeben sich **mehrere Möglichkeiten**, die Unklarheit bzw. den Widerspruch lebensnah und klausurtaktisch sinnvoll zu schließen, so kann eine eventuell vorhandene **Sachverhaltsabwandlung** – zu dieser noch näher unter II. – einen Hinweis darauf geben, wie der Ausgangsfall zu verstehen ist.

Beispiel: Der Ausgangsfall enthält nach ihrem Dafürhalten widersprüchliche Angaben dazu, ob der A als Verbraucher i.S.d. § 13 BGB anzusehen ist. Wenn die Abwandlung nur hinsichtlich dieses Punkts den Fall so verändert, dass A eindeutig als Verbraucher anzusehen ist, dann spricht einiges dafür, dass der Ausgangsfall so konstruiert wurde, dass A kein Verbraucher sein soll.

3. Lücke im Sachverhalt

Ein Sachverhalt kann sogar eine **lösungsrelevante Information gänzlich nicht enthalten**, also eine **Lücke** aufweisen.

a) Auslegung

Versuchen Sie zunächst, die Lücke aufgrund einer **lebensnahen Auslegung** des Sachverhalts zu schließen. Den Sachverhalt nach der allgemeinen Lebenserfahrung auszulegen ist nicht nur erlaubt, sondern sogar geboten. Der nach der Lebenserfahrung **normale Verlauf** muss zugrundegelegt werden. Wie auch in einem Buch oder Film gilt: Normalitäten und Selbstverständlichkeiten werden vom Aufgabensteller nicht erwähnt, er legt den Schwerpunkt seiner Darstellung auf die atypischen Umstände.

Beispiele:

Der Vorgang hat sich im Inland abgespielt.

Die Beteiligten sind Deutsche, voll geschäftsfähig, schuldfähig und sich über die Bedeutung ihrer Erklärungen und Handlungen im Klaren.

Der Grundstückseigentümer ist im Grundbuch als solcher eingetragen.

Eine Ehe ist wirksam und die Eheleute leben im gesetzlichen Güterstand.

Eine Behörde ist sachlich und örtlich zuständig.

Grundsätzlich kann auch die **Einhaltung von Formalien** unterstellt werden, wenn der Sachverhalt zu diesen schweigt.

Beispiele:

Taucht im Sachverhalt ein „Grundstückskaufvertrag" auf, so ist anzunehmen, dass die Formvoraussetzungen des § 311 b Abs. 1 BGB beachtet sind.

Bei Gesetzen oder Satzungen ist von einem ordnungsgemäßen Normsetzungsverfahren auszugehen.

Eine Klage wird regelmäßig formgerecht erhoben.

Kann eine Person ihre Rechtsstellung durch **Abgabe einer Erklärung** verbessern, so ist zu unterstellen, dass sie diese Erklärung abgeben wird, insbesondere in einer Klausur **aus Sicht eines Anwalts**. Es ist dann aber deutlich hervorzuheben, dass die Erklärung bislang nicht abgegeben wurde und dass die dargestellten Wirkungen der Erklärung nur greifen, sobald und soweit die Erklärung abgegeben wird. Kommt es hingegen insbesondere in einer Klausur **aus Sicht eines Gerichts** darauf an, ob die Erklärung bis zu einem bestimmten Stichtag abgegeben wurde, so muss sich aus dem Sachverhalt ergeben, dass die Erklärung rechtzeitig abgegeben wurde. Anderenfalls wurde sie nicht abgegeben.

Beispiele: Erklärung der Anfechtung, der Kündigung, des Rücktritts

Um die **rechtliche Auswirkung** der Erklärung zu beurteilen, müssen Sie auch hier punktuell **rechtlich prüfen**, also in den zweiten Arbeitsbereich einsteigen.

Allgemein gilt: **Je knapper und abstrakter** die Sachverhaltsschilderung, **desto eher sind Unterstellungen bzw. Ergänzungen erlaubt**. Detaillierte Fallbeschreibungen lassen eher auf die vom Aufgabensteller gewollte Vollständigkeit der Angaben schließen, die nicht mittels Auslegung beseitigt werden soll.

b) Beweislast

Lässt sich die Lücke nicht durch Auslegung schließen, so müssen Sie die Tatsache unterstellen, die **für den Beweisbelasteten ungünstig** ist. Beweisfragen gehören zwar primär ins zweite Examen, aber bei einem (ungewollt) unvollständigen Sachverhalt bleibt Ihnen nur dieser Weg. Dies ist wesentlich eleganter als den Sachverhalt (und seinen Ersteller) zu kritisieren.

Grundsätzlich muss jeder das beweisen, was für ihn günstig ist.

Beispiele:

Wer aus § 433 Abs. 2 Var. 1 BGB auf Kaufpreiszahlung klagt, muss den Kaufvertragsschluss beweisen, während der Beklagte die von ihm behauptete Erfüllung dieses Anspruchs durch Zahlung (§ 362 Abs. 1 BGB) beweisen muss.

Der Staat muss beweisen, dass der Angeklagte Vorsatz hatte. Anderenfalls wird er freigesprochen (in dubio pro reo).

Ausnahmsweise ist die Beweislast umgekehrt.

Beispiele: Vertretenmüssen (§ 280 Abs. 1 S. 2 BGB); Gutgläubigkeit (§ 932 Abs. 2 BGB); Unwahrheit einer Tatsache (§ 186 StGB)

Beachten Sie aber, dass Sie **nur tatsächliche, nicht aber rechtliche Zweifel** mit einer Beweislastregelung beseitigen dürfen. Es ist gerade Ihre Aufgabe als Jurist, rechtliche Zweifel durch eine überzeugende Begutachtung zu beseitigen. Gerade dafür gibt es ja in der Klausur die Punkte!

Für die Gerichte gibt es hierzu zwei lateinische Rechtsgrundsätze: **iura novit curia** (Das Gericht kennt das Recht.) und **da mihi facta, dabo tibi ius** (Gib mir die Tatsachen, dann gebe ich Dir das Recht.).

Beispiel: A, B, C, D und E streiten sich darüber, wer Eigentümer des Pkw ist, der derzeit bei A in der Garage steht. Der Sachverhalt enthält umfangreiche Informationen, die Sie bei der Prüfung der §§ 929 ff. BGB verwenden können. Natürlich müssen Sie diese Normen nun umfangreich prüfen, anstatt lapidar mit einem Verweis auf § 1006 Abs. 1 BGB den A zum Eigentümer zu erklären.

II. Sachverhaltsabwandlung

Wandelt der Aufgabensteller den Sachverhalt ab, so müssen Sie herausarbeiten, inwiefern sich der **Sachverhalt** und/oder die **Aufgabenstellung** vom Ausgangsfall **unterscheiden**.

Beispiel: Die Fragestellung lautet: „Welche Ansprüche hat A gegen B und gegen C? Ändert sich am Ergebnis etwas, wenn A minderjährig war?" –
Die zweite Frage ändert den Sachverhalt (Minderjährigkeit). Sie müssen prinzipiell erneut die Ansprüche gegen B und gegen C prüfen. Wenn allerdings die Minderjährigkeit nur im Verhältnis zu C die Lösung ändert, dann können sie hinsichtlich B in Ihrer Lösung nach oben in den Ausgangsfall verweisen.

Es sei nochmals erwähnt, dass Fallabwandlungen regelmäßig **Rückschlüsse auf die Auslegung des Ausgangsfalls oder seiner Lösung** zulassen. Die Abwandlung soll aus der Sicht des Aufgabenstellers zu einer neuen Fragestellung hinführen, daher müssen sich die Sachverhalte und die Lösungen (partiell) unterscheiden.

Erster Arbeitsbereich: Arbeit am Sachverhalt

Überblick	**Ziel:** Sachverhalt vollständig und richtig kennen
1. Schritt **Aufnahme des Sachverhalts**	■ **Erfassen des Sachverhalts** ▪ in der Regel 2 x gründlich lesen ▪ Hineindenken in den Sachverhalt ▪ Hilfsmittel (Rollentechnik, Filmtechnik, Erzähltechnik) ■ **Sammeln der Sachverhaltsumstände** ▪ Personen, Sachen, Eigenschaften, Handlungen ▪ Grundsatz: Vollständigkeit der Sachverhaltsumstände ▪ Ideenzettel „die ersten Ideen sind oft die besten" ■ **Ordnen der Sachverhaltsumstände** ▪ grundsätzlich chronologische Reihenfolge ▪ andere Reihenfolge (Abschnitte, Personen, Begehren)
2. Schritt **Aufbereitung des Sachverhalts**	■ **Kenntlichmachen von Textpassagen** ▪ Mittel: Farbtechnik, Schreibtechnik ▪ Objekte: Personen, Vorstellungen, Eigenschaften, Verben, Daten ■ **Anfertigen von Fallskizzen** ▪ Darstellung der Sachverhaltsbeziehungen ▪ Darstellung des Sachverhaltsverlauf (Zeitstrahl) ▪ Ergänzung durch Abkürzungen
3. Schritt **Sachverhalts-kontrolle**	■ **Vollständigkeit:** den Fall in allen Einzelheiten kennen ■ **Verständnis:** den Fall verstehen ■ **Plausibilität:** Widersprüche ausräumen
Besondere Situationen	■ **unklarer/lückenhafter Sachverhalt:** lebensnahe Auslegung und Ergänzung, i.Ü. Unterstellungen nach Beweislast ■ **Sachverhaltsabwandlung:** nur Abweichungen darstellen

E. Zum Beispielsfall

1. Schritt: Aufnahme des Sachverhalts

Der Pinscher der F wird von einem Schäferhund, dessen Halter unbekannt ist, angefallen. F ruft um Hilfe. A hilft und erleidet dabei einen Sach- und Personenschaden. Diesen verlangt A von F ersetzt.

Wenn man sich in A und F hineinversetzt, um ihre gegensätzlichen Interessen (und damit die zentrale Klausurproblematik) zu ermitteln, dann erkennt man: A meint, von F Schadensersatz verlangen zu können, weil er ihr in einer Notlage geholfen hat. F ist dem A gewiss dankbar, aber sie sieht sich selbst nicht als Verantwortliche, sondern ebenso als Opfer des Schäferhundes wie den A, sodass sie einwenden wird, A müsse Schadensersatz von dem (unbekannten) Halter des Schäferhundes verlangen.

2. Schritt: Aufbereitung des Sachverhalts

Ein Zeitstrahl ergibt wenig Sinn, da der Sachverhalt sehr kurz ist und sich alles innerhalb weniger Minuten abspielt. Es treten aber immerhin drei Personen (A, F und der unbekannte Halter) auf, daher schadet eine knappe Fallskizze nicht:

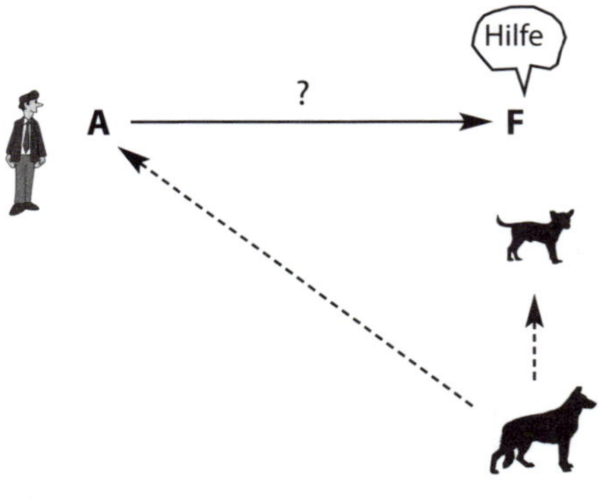

3. Schritt: Sachverhaltskontrolle

Der Sachverhalt ist leicht zu verstehen.

4. Schritt: Besondere Situation: Unklarheit/Lücke?

Der Halter des Schäferhunds ist zwar unbekannt. Aber Achtung, dies ist keine Lücke, die es zu schließen gilt – wie sollen Sie auch herausfinden, wer der Halter ist. Der Aufgabensteller will und benötigt diese Unbekanntheit gerade, damit A sich nicht an den Halter, sondern an F wendet.

3. Abschnitt: Zweiter Arbeitsbereich: Begutachtung (juristische Denktechnik)

Die gedankliche Begutachtung des Sachverhalts nach **rechtlichen Maßstäben** ist das **Kernstück** der Fallbearbeitung.

Ausgangspunkt der gutachterlichen Überlegungen ist die Fallfrage. Es ist Ihr **Ziel,** die Fallfrage zu beantworten. Die Antwort darf aber nicht sofort der Frage folgen („Hat A gegen B einen Anspruch auf Schadensersatz?" – „Ja"). Vielmehr müssen Sie zunächst den **Weg** zur Antwort durchdenken. Dieser besteht aus einem bestimmten **Prüfungsprogramm** nebst **Begründungen** für die einzelnen Prüfungsschritte.

Die Erarbeitung (und Darstellung, dazu der dritte Arbeitsbereich) Ihres Lösungsweges entscheidet über die Bewertung Ihrer Klausurbearbeitung. **Jeder Ihrer Denkschritte muss direkt an den vorherigen anknüpfen.** In Ihrem Kopf muss quasi eine **Kettenreaktion aus Dominosteinen** entstehen.

Diese muss nicht unbedingt exakt derjenigen entsprechen, die der Aufgabensteller vor Augen hatte, als er den Sachverhalt erschaffen hat, um eine gute Bewertung zu erzielen. Es schadet aber natürlich auch nicht, wenn Sie die sog. **Musterlösung** treffen, weil dann der Korrektor (in aller Regel korrigiert der Aufgabenersteller nicht selbst) weniger eigene Denkarbeit leisten muss.

A. Erfassen der Fallfrage (4. Schritt)

Bevor die eigentliche juristische Arbeit in Form der Rechtsanwendung beginnen kann, müssen Sie sich **Inhalt und Zielrichtung** der Fallfrage verdeutlichen.

I. Herausarbeiten der Fragestellung

1. Konkrete Fallfrage

Oftmals ist im Falltext eine konkrete Fallfrage ausdrücklich formuliert. Dann müssen Sie ein Gutachten anfertigen, das allein die gestellte Frage beantwortet. **Darüber hinausgehende Ausführungen** sind überflüssig und daher sogar **falsch.**

Die Frage kann sich auf die Rolle desjenigen beziehen, der eine **rechtliche Entscheidung** zu treffen hat (z.B. Richter).

Beispiele:

Hat A gegenüber B einen Anspruch auf Schadensersatz?
Ist das Handeln der Behörde rechtmäßig?
Wie hat sich A strafbar gemacht?

Die Frage kann insbesondere im Zivilrecht auch auf die **Gestaltung der Rechtslage** abzielen.

Beispiele: Kann A sich vom Kaufvertrag lösen? Was ist dem A zu raten?

2. Auslegung der Fragestellung

Eine bewusst unkonkret formulierte Fallfrage sowie unklare oder unvollständige Fallfragen müssen Sie **auslegen**. Diese Situation begegnet Ihnen zuvorderst im Zivilrecht und gelegentlich im Öffentlichen Recht. In strafrechtlichen Klausuren wird hingegen in aller Regel konkret nach der Strafbarkeit gefragt, allenfalls Zusatzfragen am Ende der Klausur sind auslegungsbedürftig.

Auch (umgangs-)sprachlich eindeutige Fragestellungen müssen Sie im **juristischen Gesamtzusammenhang betrachten** und dementsprechend auslegen.

Beispiel: A hat dem B eine Rechnung für eine lange zurückliegende Leistung geschickt. B will nicht zahlen und beruft sich darauf, der Anspruch des A sei verjährt. Die Fragestellung lautet: „Zu Recht?" –
Die Fallfrage zielt sprachlich auf die ausschließliche Prüfung der Verjährung ab. Es ist aber im Zivilrecht absolut üblich, die Rechtslage anhand von Ansprüchen darzustellen. Es wird zunächst die Entstehung und das fehlende Erlöschen des Anspruchs geprüft (bzw., wenn hier keine Probleme liegen, in aller Kürze festgestellt), bevor im dritten Schritt durchsetzbarkeitshemmende Einrede wie die Verjährung angesprochen werden.

a) Begehren

Ausgangspunkt der Auslegung ist das Begehren der beteiligten Personen. Dieses ergibt sich aus dem **Willen**, den **Interessen** und den **Zielen** der Personen, die Sie dem Sachverhalt ausdrücklich oder mittels Auslegung entnehmen müssen.

Beispiele:

Der Adressat einer Gewerbeuntersagung will regelmäßig sein Gewerbe fortführen, daher begehrt er die Aufhebung dieser Untersagung.

Der Geschädigte eines Unfalls begehrt regelmäßig die Kompensation seiner Schäden in Form von Schadensersatz.

b) Die Frage nach Rechtslage

Eine häufige Fragestellung, insbesondere im Zivilrecht, lautet denkbar abstrakt: **„Wie ist die Rechtslage?"** Falls im Sachverhalt ausnahmsweise keine ausdrückliche Frage formuliert sein sollte, müssen Sie ebenfalls diese Fragestellung zugrundelegen.

Grundsätzlich sind dann **sämtliche Rechtsbeziehungen** zwischen den im Sachverhalt erwähnten Personen und deren **Rechtsfolgen** zu untersuchen. Hierbei können neben **Ansprüchen** im Einzelfall auch **Gestaltungsrechte** (z.B. Anfechtung, Rücktritt, Widerruf), **dingliche Rechte** (z.B. Besitz, Eigentum, Hypothek, Anwartschaftsrecht) oder sonstige **Rechtspositionen** (z.B. als Gesellschafter einer Gesellschaft oder als Erbe eines Erblassers) zu prüfen sein.

c) Orientierung an der idealtypischen Fragestellung

Eine umfassende Auslegung der Fragestellung gelingt Ihnen, wenn Sie sich an den **idealtypischen Frageformeln** orientieren.

Die wichtigste Frageformel, nämlich für eine Anspruchsprüfung im Zivilrecht und gelegentlich im öffentlichen Recht, lautet: **„Wer kann von wem was, und zwar warum und woraus verlangen?“**

- Wer? Anspruchsteller
- Von wem? Anspruchsgegner
- Was? Ziel/Begehren
- Warum? Sachverhalt
- Woraus? Anspruchsgrundlage(n)

Beispiel: Kann A von B Zahlung von 100 € aufgrund der Ereignisse auf dem Marktplatz aus §§ 280 Abs. 1, 249 Abs. 2, aus § 433 Abs. 2 Var. 1, aus §§ 989, 990 Abs. 1 und/oder aus § 812 Abs. 1 S. 1 Var. 2, 818 Abs. 2 BGB verlangen?

Im öffentlichen Recht müssen Sie häufig prüfen, ob ein behördliches Handeln rechtmäßig ist bzw. war. Die Frage lautet dann: **Existiert – soweit erforderlich – für das Handeln der Behörde eine wirksame Ermächtigungsgrundlage und sind deren formellen und materiellen Voraussetzungen eingehalten?**

Beispiel: Ist § 10 der [im Sachverhalt abgedruckten] Taubenverordnung der Stadt X, auf welchen die Behörde das Fütterverbot gestützt hat, wirksam und sind seine formellen und materiellen Voraussetzungen erfüllt?

Im Strafrecht hilft die Frageformel: **„Wer greift in wessen Rechtsgut wie ein?“** dabei, sämtliche Aspekte zu erfassen.

- Wer? Der oder die Täter, evtl. Sonderdelikt
- Wessen? Opfer
- Rechtsgut? Straftatbestände
- Wie? Modalität

Beispiel: Hat Polizist P sich gemäß §§ 340 Abs. 1 S. 1 u. Abs. 3, 224 Abs. 1 Nr. 2 Var. 1 StGB strafbar gemacht, indem er dem O mit dem Schlagstock in die Kniekehle schlug?

d) Ziel der Auslegung: juristische Fragestellung

Am Ende der Auslegung muss eine **juristisch brauchbare Fragestellung** stehen. Hierin liegt ein ganz wichtiger Schlüsselpunkt auf dem Weg zu einer erfolgreichen Klausur.

Stellen Sie sich den Sachverhalt als die Rohstoffe und die juristische Lösung als das fertige Produkt einer Fabrik vor, die als Werkzeuge ausschließlich Gesetze benutzt. Die Fallfrage ist dann der Auftrag, den Ihnen als Fabrikbetreiber der Aufgabensteller als Kunde gibt. Sie müssen den Auftrag so verstehen bzw. auslegen, dass er mit dem Ihnen zur Verfügung stehenden Werkzeug umgesetzt werden kann. Die Frage muss daher so formuliert sein, dass auf sie eine **Antwort** durch **Anwendung von Rechtsvorschriften** möglich ist.

Beispiele: Hat A gegen B einen **Anspruch** auf Zahlung? Ist die Maßnahme der Behörde **rechtmäßig**? Hat A sich **strafbar** gemacht?

Insbesondere im Zivilrecht dürfen Sie allerdings nicht zu früh juristisch-technisch denken. Das Begehren des Anspruchstellers müssen Sie immer **konkret-faktisch** formulieren, um alle Anspruchsgrundlagen zu finden, die dieses Begehren tragen.

Beispiel: Die Fallfrage lautet: „Hat A gegen B einen Anspruch auf Zahlung von 300 €?" Sie dürfen sich nicht vorschnell auf Schadensersatzansprüche z.B. aus §§ 280 ff. BGB oder §§ 823 ff. BGB beschränken, auch wenn diese u.a. (vgl. §§ 249 Abs. 2, 251 BGB) auf Geldzahlung gerichtet sind. Auch Ansprüche auf Herausgabe von Geldscheinen (§ 985; § 812 Abs. 1 BGB) bzw. eines Erlöses (§ 816 Abs. 1 S. 1 BGB) oder auf Aufwendungsersatz (§ 670 BGB) sind denkbar.

II. Aufgliederung in Teilfragen

Markenzeichen der juristischen Denkweise ist die kleinschrittige **Aufteilung einer Problemstellung** in einzelne Teilprobleme. Sie müssen daher die Fallfrage gedanklich so aufteilen, dass **für jeden ihrer Gedankengänge** als Ausgangspunkt **eine eigene Frage** im Raum steht. Hierdurch gewinnt die Fragestellung an Struktur.

Das gilt insbesondere für die typischen **allgemeinen Fragestellungen** (Wie ist die Rechtslage? usw.) Für solche komplexen Fragen gibt es keine einzelne Rechtsnorm als Ausgangspunkt.

Für die Aufteilung können Sie **dieselben Kategorien** wie für die **Aufteilung des Sachverhalts** verwenden:

1. Aufgliedern nach Sachverhaltsabschnitten

Besteht der Sachverhalt aus mehreren abgrenzbaren Ereignissen, so können Sie die Frage auf die einzelnen Ereignisse aufteilen. Dies können rein **tatsächliche, eigenständige Geschehnisse** sein, aber auch **Rechtsakte**.

Beispiele:

Welche Ansprüche hat A erstens aufgrund der Ausflugsfahrt am Montag und zweitens aus dem am Mittwoch abgeschlossenen Kaufvertrag?

Sind erstens der Platzverweis und zweitens die Ingewahrsamnahme durch die Behörde rechtmäßig bzw. welche Klage(n) hat/haben erstens hinsichtlich des Platzverweises und zweitens hinsichtlich der Ingewahrsamnahme Aussicht auf Erfolg?

Wie hat T sich erstens auf dem Parkplatz und zweitens im Schwimmbad strafbar gemacht?

Insbesondere im **Zivilrecht** gibt es **drei typische Lebenssachverhaltsgruppen**:

- **Sonderbeziehungen**, insbesondere vertragliche oder gesetzliche **Schuldverhältnisse** zwischen zwei Personen („mit einem anderen"),
- rein tatsächliche **Tätigkeiten**, die jemand für einen anderen verrichtet hat („für einen anderen") und
- **Eingriffe** in fremde Rechte („gegen einen anderen").

2. Aufgliedern nach Personen

Sind **mehrere Personen** beteiligt, kann eine Aufgliederung des Sachverhalts und der Fragestellungen nach Personen erfolgen.

Im **Zivilrecht** ist der Sachverhalt jeweils in Zwei-Personen-Verhältnisse aufzulösen:

- Welche Ansprüche hat A gegen B?
- Welche Ansprüche hat A gegen C?
- Welche Ansprüche hat B gegen A?
- Welche Ansprüche hat B gegen C?
- Welche Ansprüche hat C gegen A?
- Welche Ansprüche hat C gegen B?

Im **Strafrecht** kann zunächst die Strafbarkeit des A und anschließend die Strafbarkeit des B untersucht werden. Sinnvoll ist eine Aufteilung nach Personen auch dann, wenn mehrere Personen unterschiedlich beteiligt sind, z.B. Strafbarkeit des A als Alleintäter? Strafbarkeit von A und B als Mittäter?

3. Aufgliedern nach dem Begehren

Eine Aufgliederung der Fallfrage ist im **Zivilrecht** nach den begehrten **Anspruchsinhalten**, also den **Rechtsfolgen** der möglichen Anspruchsgrundlagen sinnvoll.

III. Erste Überlegungen für Aufbau und Reihenfolge der Falllösung

Durch die Aufgliederung der Fragestellung erhält Ihre Lösung eine erste **Struktur**. Sie sollten daher an dieser Stelle nicht nur Teilfragen bilden, sondern auch festlegen, in welcher **Reihenfolge** Sie die Fragen abarbeiten werden.

1. Vorgabe durch die Fallfrage

Innerhalb des Rahmens der Fallfrage müssen Sie sich an die **von der Fallfrage vorgegebene Reihenfolge** halten. Diese ist in aller Regel keine Falle, sondern eine Hilfestellung des Aufgabenstellers, welche er auch bei der Erstellung der Musterlösung für die Korrektoren zugrundegelegt hat.

Beispiel: Die (ausgelegte) Fallfrage verlangt die Prüfung von Ansprüchen des A gegen B auf Zahlung von 1.000 € und hilfsweise auf Freistellung von Regressansprüchen des X.
Sie prüfen Zahlungsansprüche und nur, wenn diese nicht bestehen, Freistellungsansprüche. Ansprüche etwa auf Unterlassen prüfen Sie aber – natürlich – nicht, denn nach diesen ist nicht gefragt.

2. Zweckmäßigkeit/Inzidentprüfungen vermeiden

Über die Reihenfolge entscheidet im Übrigen die Zweckmäßigkeit. Sie sollten insbesondere **Inzidentprüfungen vermeiden**, denn dadurch fällt sowohl Ihnen die Erarbeitung Ihrer Lösung als auch dem Korrektor das Nachvollziehen selbiger leichter. Allerdings müssen Sie solche Fragen inzident prüfen, deren isolierte Prüfung nicht von der Aufgabenstellung gefordert wird.

Beispiel: Inzidentprüfung der Strafbarkeit des Täters im Rahmen der Strafbarkeit des Teilnehmers, wenn der Täter inzwischen verstorben ist oder wenn nur nach der Strafbarkeit des Teilnehmers gefragt ist.

Die Zahl der theoretisch möglichen Reihenfolgen ist regelmäßig im **Zivilrecht** am höchsten. Möglich ist eine Gliederung nach

- Personen, sodann Sachverhaltsteilen, sodann Anspruchsbegehren (Wer von wem, warum, was?)
- Sachverhaltsteilen, sodann Anspruchsbegehren, sodann Personen (Warum, was, wer von wem?)
- Sachverhaltsteilen, sodann Personen, sodann Anspruchsbegehren (Warum, wer von wem, was?)

Regelmäßig ist es sinnvoll, primär nach Personen zu gliedern, denn Sie sind später die Parteien im Rechtsstreit, und sodann nach Sachverhaltsteilen.

Im **Strafrecht** bestehen kaum weniger Varianten. Hier ist es regelmäßig sinnvoll, primär nach Sachverhaltsteilen (sog. Tatkomplexe) und sodann nach Tätern zu gliedern. Innerhalb dieser Gliederung werden dann die einzelnen Straftatbestände einsortiert.

Im **öffentlichen Recht** ist es regelmäßig sinnvoll, primär nach Sachverhaltsteilen zu gliedern und innerhalb dieser dann die einzelnen Ermächtigungsgrundlagen zu prüfen. Oft stehen sich nur zwei Personen – ein Bürger und eine Behörde – gegenüber, sodass sich insofern die Frage der Reihenfolge nicht stellt.

Eine **detaillierte Gliederung** ist erst im 5. Schritt sinnvoll, wenn Sie die Rechtsnormen gesammelt haben und sie sodann ordnen.

B. Sammeln der Rechtsnormen (5. Schritt)

Nunmehr müssen Sie die **in Betracht kommenden Rechtsnormen** ermitteln, auswählen und ordnen.

Im Rahmen eines **Brainstormings** müssen Sie offen und ohne vorschnelle Kritik möglicherweise einschlägige Normen sammeln. Notieren Sie dabei auf Ihrem **Ideenzettel** großzügig die gefundenen Normen – Sie können sie später immer noch wieder wegstreichen.

Für die folgenden Ausführungen müssen Sie wissen, dass eine Rechtsnorm häufig aus einem **Tatbestand** und aus einer **Rechtsfolge** besteht. Der Tatbestand enthält die Voraussetzungen dafür, dass die Rechtsfolge eintritt. Wie bei einem Computerprogramm oder einem Gesellschaftsspiel wird also eine „Wenn dies, dann das-Regel" aufgestellt.

Beispiel: Wenn ein Rechtsgeschäft sittenwidrig ist, dann ist es nichtig, vgl. § 138 Abs. 1 BGB.

Insbesondere im öffentlichen Recht und zu Beginn von Gesetzen finden Sie allerdings auch Normen, die nicht so aufgebaut sind, sondern die **schlichte Anordnungen oder Definitionen** enthalten. **Beispielsweise** werden die Farben des Bundesflagge in Art. 22 Abs. 2 GG und der Grundsatz „Keine Strafe ohne Gesetz“ (nulla poena sine lege) in Art. 103 Abs. 2 GG sowie § 1 StGB angeordnet. Ferner definiert etwa § 35 VwVfG den Begriff des Verwaltungsakts und § 1 BGB den Begriff der Rechtsfähigkeit.

I. Ermitteln der einschlägigen Rechtsnormen

Zunächst müssen Sie aus der gesamten Rechtsordnung diejenigen Normen herausfiltern, die Sie – wenn auch nur möglicherweise oder nur ganz am Rande – **zur Lösung des Falls benötigen**.

Das sind diejenigen Normen, deren **Funktion** der Lösung des konkreten Falls dienlich ist. Die Funktion einer Norm ergibt sich nicht aus ihrem Tatbestand, sondern aus ihrer **Rechtsfolge**.

Beispiel: Zwischen A und B besteht entweder ein Kauf- oder Mietvertrag. Gefragt ist, ob A von B Zahlung verlangen kann.
Die Funktion des § 433 Abs. 2 Var. 1 BGB und des § 535 Abs. 2 BGB ist es, einen Anspruch auf Zahlung zu begründen. Daher müssen Sie diese beiden Normen ermitteln. Welche Vertragsart vorliegt und welche der Normen konkret einschlägig ist, prüfen Sie an späterer Stelle.
Falsch wäre es hingegen, § 439 Abs. 1 BGB zu ermitteln, selbst wenn auf den ersten Blick feststeht, dass ein Kaufvertrag vorliegt. Zwar setzt diese Norm tatbestandlich einen Kaufvertrag voraus. Ihre Rechtsfolge ist aber ein Anspruch auf Nacherfüllung, nach einem solchen Anspruch ist jedoch nicht gefragt.

1. Normtypen

Es gibt drei Normtypen, auf die Sie die Ermittlung ausrichten müssen. Wichtig ist, dass Sie nicht nach Abarbeitung des ersten Normtyps die Suche einstellen. Sie müssen vielmehr **um die Ecke denken**, um auch den zweiten und dritten Normtyp zu finden.

Bildlich gesprochen stehen die Dominosteine der Klausurlösung auf verschiedenen Ebenen. Zwischen den Steinen auf **erster Ebene** (d.h. dem ersten Normtyp) bestehen Gräben, die Sie mit den übrigen Dominosteinen auffüllen müssen, um eine Verbindung zwischen den Steinen auf erster Ebene herzustellen. Dabei können durchaus mehrere **Unterebenen** entstehen, es kommt also zu einer mehr oder weniger starken **Verschachtelung**.

a) Antwortnormen

Antwortnormen sind Rechtsnormen, deren Rechtsfolge die Fallfrage **unmittelbar beantwortet**.

Ist im **Zivilrecht** nach einem Anspruch gefragt, so ist die Antwortnorm eine **Anspruchsgrundlage**.

Beispiele:

Ist gefragt, ob der Verkäufer vom Käufer Kaufpreiszahlung verlangen kann, so ist die Antwortnorm § 433 Abs. 2 Var. 1 BGB

Zur Frage, ob A von B Eigentum an einer beweglichen Sache erworben hat, kann z.B. § 929 S. 1 oder § 950 BGB die Antwortnorm sein.

Wichtig ist, dass sich die Anspruchsgrundlage zwar oft **aus dem Gesetz** ergibt, aber auch einem **Vertrag** entstammen kann. Die Vertragsfreiheit (von § 311 Abs. 1 BGB deklaratorisch genannt, aus Art. 2 Abs. 1 GG abgeleitet) ist ein Grundprinzip des Zivilrechts. Sie gestattet es, auch solche Ansprüche aus solchen Verträgen zu kreieren, die der Gesetzgeber nicht normiert oder ausgestaltet hat.

Beispiel: Wenn im Klausursachverhalt ein Mietvertrag abgedruckt ist, dessen § 8 den Mieter verpflichtet, einmal in der Woche mit dem Hund des Vermieters Gassi zu gehen, dann hat der Vermieter gegen den Mieter seinen entsprechenden Anspruch aus § 8 des Mietvertrags (und nicht etwa aus § 535 Abs. 2 BGB)

Stellt sich im **Öffentlichen Recht** die Frage, ob die Behörde eingreifen darf, so ist Antwortnorm eine **Ermächtigungsgrundlage**.

Beispiel: Einschreiten der Behörde gemäß § 15 VersG, § 8 PolG NRW

Im **Strafrecht** sind die **Straftatbestände** die Antwortnormen.

Beispiel: Strafbarkeit des A wegen Diebstahls gemäß § 242 StGB

Antwortnorm kann auch eine Vorschrift sein, die genau das (kontradiktorische) **Gegenteil** des Gefragten anordnet, weil auch dadurch die Fallfrage per **Umkehrschluss** beantwortet wird.

Beispiele:

Geht es um die Frage, ob ein Rechtsgeschäft formlos möglich ist, so findet sich die Antwort in § 125 BGB, weil dieser bestimmt, dass nur dann eine Form erforderlich ist, wenn das Gesetz dies anordnet oder die Parteien dies vereinbaren.

Geht es um die Nichtigkeit eines Verwaltungsakts, sind nicht nur § 44 Abs. 1 und Abs. 2 VwVfG Antwortnormen, sondern auch § 44 Abs. 3 VwVfG, da dort geregelt ist, wann ein Verwaltungsakt gerade nicht nichtig ist.

Verweist die Antwortnorm ausdrücklich auf eine andere Norm, so ist zu unterscheiden:

- Bei einer **Rechtsgrundverweisung** (plakativer: **Tatbestandsverweisung**) sind sowohl die Voraussetzungen der verweisenden Norm als auch der Norm, auf die verwiesen wird, zu prüfen. Sie liegt vor, wenn die verweisende Norm keinen (vollständigen) Tatbestand enthält und es daher der Ergänzung weiterer Tatbestandsmerkmale bedarf.

Beispiel: § 480 BGB enthält nur das Tatbestandsmerkmal „Tauschvertrag" und verweist auf die kompletten Tatbestände des Kaufrechts (die allerdings nicht „eins zu eins", sondern nur entsprechend, also auf die Situation des Tausches angepasst anzuwenden sind).

- Eine **Rechtsfolgenverweisung** ist anzunehmen, wenn die verweisende Vorschrift selbst vollständig regelt, wann die Rechtsfolge eintritt. Es ist dann gerade nicht gewollt, dass auch der Tatbestand der in Bezug genommenen Norm geprüft wird. Vielmehr soll nur ihre Rechtsfolge greifen.

  Beispiel: § 823 Abs. 2 BGB verweist auf die Rechtsfolge des § 823 Abs. 1 BGB. Wer ein Schutzgesetz schuldhaft verletzt, soll haften, ohne dass zusätzlich gesondert zu prüfen ist, ob diese Verletzung „widerrechtlich" i.S.d. § 823 Abs. 1 BGB ist, denn die Verletzung des Schutzgesetzes ist bereits für sich widerrechtlich.

b) Gegennormen

Gegennormen sind Rechtsnormen, deren Rechtsfolge die Rechtsfolge der Antwortnorm oder einer anderen bei der Fallbearbeitung benötigten Vorschrift **ausschließen oder einschränken**.

Im **Zivilrecht** handelt es sich zuvorderst um die **Einwendungen im weiteren Sinne**:

- **rechtshindernde** Einwendungen: Einwendungen, die das Entstehen des nach der Antwortnorm möglichen Rechtsverhältnisses bzw. Anspruchs von vornherein ausschließen;

  Beispiele: Nichtigkeit eines Vertrages nach § 134 oder § 138 BGB; gemäß § 142 Abs. 1 BGB rückwirkende Anfechtung

- **rechtsvernichtende** Einwendungen: Einwendungen, die ein entstandenes Rechtsverhältnis oder zumindest den sich aus ihm ergebenden Anspruch wieder zum Erlöschen bringen;

  Beispiele: Erfüllung, § 362 Abs. 1 BGB; Aufrechnung, § 389 BGB, Erlassvertrag, § 397 BGB; Kündigung, § 314 BGB

- **rechtshemmende** Einwendungen (Synonym: Einreden): Einwendungen, die nur bei Geltendmachung wirken und die den Anspruch nicht vernichten, aber seine Durchsetzbarkeit zeitweilig **(dilatorisch)** oder dauerhaft **(peremptorisch)** hindern.

  Beispiele: Verjährung, § 214 BGB; nicht erfüllter Vertrag, § 320 BGB

Die im **Öffentlichen Recht** durch einen Verwaltungsakt begründete Rechtsfolge endet, wenn der Verwaltungsakt durch die Behörde zurückgenommen oder widerrufen wird.

Strafrechtliche Gegennormen verbieten eine Bestrafung, wenn der Täter nicht rechtswidrig oder nicht schuldhaft gehandelt hat (z.B. §§ 32 ff. StGB).

c) Hilfsnormen

Hilfsnormen **definieren** oder **erläutern** ein Tatbestandsmerkmal der Antwort- oder Gegennorm oder einer anderen zu ihrer Anwendung benötigten Vorschrift (Definitionsnorm, Erläuterungsnorm).

Beispiele: Sache, § 90 BGB; Vertretenmüssen, § 276 Abs. 1 BGB; Zustandekommen eines Vertrages, §§ 145 ff. BGB; Behörde, § 1 Abs. 4 VwVfG (des Bundes); Personen- und Sachbegriffe, § 11 StGB

d) Reihenfolge und Zusammenspiel der Normtypen

Die Fallbearbeitung muss mit der **Antwortnorm** beginnen. Sie müssen sie selbst dann benennen und das Vorliegen ihrer Voraussetzungen prüfen, wenn sich insofern keinerlei Probleme stellen.

Beispiele:

A verlangt von B Zahlung aufgrund einer Schlägerei, B beruft sich auf Verjährung (vgl. § 214 Abs. 1). Der Sachverhalt enthält nur Probleme zur Verjährung. Sie müssen §§ 823 Abs. 1, 249 Abs. 2 BGB als Anspruchsgrundlage benennen und die Voraussetzungen dieser Norm (wenn auch in aller Kürze) bejahen, bevor Sie die Verjährung als Gegennorm ausführlich prüfen.

Ist gefragt, ob eine Behörde einen bestimmten Verwaltungsakt erlassen darf, so müssen Sie als erstes die einschlägige Ermächtigungsgrundlage benennen und ihre formellen und materiellen Voraussetzungen abprüfen. Ob dieser Verwaltungsakt Grundrechte des Bürgers verletzt und verhältnismäßig ist, ergibt sich aus Gegennormen und ist daher erst danach zu erörtern.

Im Strafrecht beginnen Sie immer mit der Benennung des Straftatbestands, an welche sich die Prüfung seiner objektiven und subjektiven Merkmale anschließt. Gegennormen, aus denen sich ergeben kann, dass der Täter gerechtfertigt ist oder nicht schuldhaft handelte, werden erst danach erörtert.

Die Rechtsfolge der Antwortnorm tritt nur ein, wenn dem **keine Gegennorm** entgegensteht. Die Prüfung kann dabei wie erwähnt **mehrfach verschachtelt** sein, daher ist zu beachten, dass eine erstrangige Gegennorm nur greift, soweit ihr nicht eine zweitrangige Gegennorm entgegensteht, der aber wiederum keine drittrangige Gegennorm entgegenstehen darf usw.

Beispiel: K kauft von V ein Auto. In der Garage des K verbrennt das Auto zu einem Haufen Asche, weil bei der Herstellung die Batterie falsch angeschlossen wurde. K tritt vom Kaufvertrag zurück.
Grundsätzlich hat V gegen K einen Anspruch auf Herausgabe des Autos, § 346 Abs. 1 BGB. Das Auto ist aber i.S.d. § 346 Abs. 2 S. 1 Nr. 3 BGB untergegangen,

daher ist der Anspruch ausnahmsweise auf Wertersatz gerichtet. Jedoch wäre das Auto auch dann abgebrannt, wenn V es noch gehabt hätte, daher schuldet K dem V keinen Wertersatz, sondern nur Herausgabe der Asche, § 346 Abs. 3 S. 1 Nr. 2 Var. 2 u. S. 2 BGB.

Hilfsnormen sind jeweils dann heranzuziehen, wenn in ihnen ein Begriff aus einer Antwort- oder Gegennorm definiert wird.

Beispiel: Um 10 Uhr verklebt T die Öffnung eines Wasserhahns mit Klebeband und dreht ihn auf. Um 11 Uhr löst sich das Klebeband und das ganze Haus steht unter Wasser. –
Nach Bejahung des objektiven Tatbestands einer Sachbeschädigung (§ 303 StGB) prüfen Sie angesichts § 15 StGB den Vorsatz des Täters. Gemäß § 16 S. 1 StGB muss dieser „bei Begehung der Tat" vorliegen. Der Hilfsnorm des § 8 StGB können Sie entnehmen, dass hierunter der Zeitpunkt der Tathandlung (und nicht des Taterfolgs) zu verstehen ist. Sie müssen also prüfen, ob T um 10 Uhr Vorsatz hatte.

2. Wissen, anderenfalls Suchen

Primäre Quelle Ihrer Normsuche ist zunächst das bei Ihnen bereits vorhandene **Wissen**. Je mehr Normen Sie kennen, umso mehr Zeit sparen Sie in der Klausur. Ihr Ziel ist es daher, ab dem ersten Tag des Studiums bis zum zweiten Examen (und darüber hinaus) Ihr Wissen stetig auszubauen. Hierzu dient, neben dem Erlernen abstrakten Wissens, insbesondere das Schreiben oder zumindest Lösen von Übungsklausuren nebst dem anschließenden Durcharbeiten der Musterlösung. Wer viele Klausuren geschrieben und das Lösen von Fällen häufig geübt hat, kann auf einen breiten Fundus an häufig vorkommenden Rechtsvorschriften und den zugehörigen Problemstellungen zurückgreifen.

Die **Rechtsordnung** ist aber **so umfangreich**, dass kein Jurist sie auch nur ansatzweise komplett in aller Tiefe kennt. Das gilt für erfahrene, gestandene Volljuristen und daher erst recht für Sie.

Es zeichnet einen guten Juristen gerade aus, dass er sich **unbekannte Materien** schnell einarbeiten und auch **unbekannte Fälle** lösen kann. Die Semesterabschlussklausuren enthalten zwar oft weitgehend (Teile von) Fällen, die Sie mehr oder weniger auswendig lernen und lösen können. Im Examen werden ihnen hingegen mit Sicherheit Klausurfälle begegnen, die Ihnen allenfalls dann bekannt sein werden, wenn Sie sich mit der aktuellen Rechtsprechung vertraut gemacht haben.

Zudem ist es laut einigen Juristenausbildungsgesetzen der Länder ausdrücklich erlaubt, Rechtsbereiche zu prüfen, die nicht im Prüfungskatalog stehen **(„Entdeckerklausuren")**, solange eine Lösung nur mithilfe des Gesetzeswortlauts sowie methodischer Fähigkeiten und ohne vertiefte Kenntnis von Literatur und Rechtsprechung möglich ist (**Vademecum-Klausel**, z.B. § 11 Abs. 1 S. 2 JAG NRW). Seit Ende 2016 wird über eine Reform der Ausbildungsgesetze zwischen den Ländern verhandelt. Laut Beschluss der Justizministerkonferenz vom 09.11.2017 wird empfohlen, in sämtlichen Bundesländern eine Vademecum-Klausel einzuführen.

Sofern Ihr vorhandenes Wissen zu Normen und Problemstellungen nicht ausreicht, müssen Sie sich auf die **Suche** nach diesen begeben. Dabei müssen Sie zwischen programmiert-diszipliniertem Denken und intuitiv-kreativer Fantasie pendeln. Zudem müssen Sie sich ein **Störgefühl** antrainieren, das Sie beschleicht, wenn sich Ihr Wissen und das Ergebnis der bisherigen Suche nicht richtig oder noch nicht vollständig „anfühlt". Auch dies erreichen Sie durch ständiges Falllösen und Klausurschreiben.

Beispiel: D stiehlt eine antike Münze. D übereignet sie an X. Ist X Eigentümer?

1. Nach wenigen Wochen im Studium werden Sie **wissen**, dass gemäß § 935 Abs. 1 BGB eine gestohlene Sache nicht übereignet werden kann.
2. Sie finden es aber **merkwürdig**, dass dies auch für Bargeld gelten soll, denn dann müsste jeder Erwerber von Bargeld stets misstrauisch sein, sodass die Verkehrsfähigkeit des Bargelds eingeschränkt wäre. Sie denken **diszipliniert** nach und **suchen** nach einer Ausnahme, die **systematisch** oft direkt hinter dem Grundsatz steht. Sie finden dadurch § 935 Abs. 2 BGB, der bestimmt, dass gestohlenes Bargeld übereignet werden kann.
3. Auch dies kommt Ihnen aber **merkwürdig** vor, denn nach seinem **Zweck** müsste § 935 Abs. 2 BGB nur aktuelle Zahlungsmittel erfassen, weil nur hinsichtlich dieser eine hohe Verkehrsfähigkeit gewährleistet sein muss. **Intuitiv-kreativ** entscheiden Sie sich daher, § 935 Abs. 2 BGB nicht anzuwenden und daher den Eigentumserwerb des X nach § 935 Abs. 1 BGB zu verneinen.
4. Sie schauen in die Musterlösung und erfahren, dass Ihre Lösung gut vertretbar ist und der h.M. (insbesondere der Rechtsprechung des BGH) entspricht. Sie haben Ihr **Wissen** hierdurch **erweitert**. Falls Ihnen das Problem erneut begegnen sollte, müssen Sie nicht wieder suchen und sparen hierdurch Zeit.

3. Suchstrategien

Bei der Suche helfen folgende **Strategien**:

a) Funktion der Norm

Zuvorderst müssen Sie sich an der Funktion der Norm orientieren:

- Welche **Antwortnormen** enthalten die Rechtsfolge, nach der die Fallfrage fragt?
- Welche **Gegennormen** torpedieren die Rechtsfolge der Antwortnorm?
- Gibt es **Hilfsnormen** zu den Antwort- und Gegennormen?

b) Suche im Gesetz

Es kann nicht oft genug betont werden: **Ein Blick ins Gesetz erleichtert die Rechtsfindung.** Sie müssen lernen und üben, Klausuren **nur mit dem Gesetz und dem Ihnen bekannten Wissen** zu lösen. Das bedeutet:

- Vor und nach den Übungsklausuren bzw. -fällen sollten Sie natürlich mit Hilfe von **Skripten, Schemata, Lehrbüchern** usw. lernen, aber während der Lösungsphase selbst sollten Sie nur das Gesetz benutzen – in den Semesterabschluss- und Examensklausuren haben Sie auch kein anderes Hilfsmittel.
- Versuchen Sie **nicht**, Klausuren nur mit Ihrem Wissen **aus dem Kopf** und ohne das Gesetz zu lösen. Ihr Wissen wird wie gesagt nie vollständig sein, das Gesetz unterstützt Sie. Außerdem ist der **Wortlaut** eines Gesetzes die **wichtigste Auslegungsmethode**, daher müssen Sie das Gesetz Wort für Wort lesen, anstatt es nur „sinngemäß“ (vermeintlich) auswendig zu kennen.

Sie müssen so früh wie möglich den Umgang mit den **Gesetzessammlungen** üben, die in den alles entscheidenden Examensklausuren genutzt werden dürfen. Das sind in beiden Examina die roten Sammlungen des Beck-Verlags (Schönfelder, Sartorius u.a.) und in einigen Ländern im ersten Examen die Sammlungen des Nomos-Verlags. Die Texte des dtv-Verlags oder digitale Texte sind allenfalls eine Notlösung für die ersten Semester bzw. für unterwegs. Beachten Sie, dass **Überschriften** nur zum für die Auslegung maßgeblichen Wortlaut des Gesetzes zählen, wenn sie amtlich sind. Vom Verlag hinzugefügte (nur für die Orientierung relevante) Überschriften sind in der Regel in eckige Klammern gedruckt (vgl. im Schönfelder einerseits das BGB, andererseits das HGB).

Viele Fälle sind eindeutig einem Gesetz zuzuordnen (Strafrecht: StGB). Anderenfalls müssen Sie in den **Gesetzessammlungen** zunächst das **richtige Gesetz** finden (insb. im Öffentlichen Recht).

Auch wenn man eine Vorschrift gefunden hat, sollte man in deren **Umfeld** weiterlesen. Vielleicht findet sich in einem früheren oder späteren Absatz oder Paragraphen/Artikel eine Ergänzung oder eine Ausnahme bzw. der Grundsatz zu der gefundenen Norm.

Wertvolle Hilfe bietet auch das (oft amtliche) **Inhaltsverzeichnis**, mit welchem Sie sich auf einem Blick die übergreifende **Systematik** des Gesetzes verdeutlichen können.

c) Suche im Sachregister

Am Ende der Gesetzessammlungen befindet sich ein letzter **Rettungsanker**, das (nicht amtliche) Sachregister. Es wird mitunter hämisch „Idiotenwiese" genannt, aber ebenso wie die Inhaltsverzeichnisse kann es Sie auf die entscheidende Fährte bringen. Also keine falsche Scharm davor, die Idiotenwiese zu betreten.

d) Suche im Sachverhalt

Der Sachverhalt insbesondere im Öffentlichen Recht und manchmal im Zivilrecht enthält häufig **Hinweise auf Rechtsfragen oder sogar konkrete Normen**. Mitunter sind diese im Sachverhalt ausdrücklich benannt oder zumindest recht deutlich umschrieben. Manche Details erschließen sich hingegen erst, wenn man bereits mit rechtlichen Überlegungen begonnen hat und dann nochmals auf den Sachverhalt zurückblickt („Pendelblick"). Hierzu zählen vor allem die **Interessenkonflikte der Parteien**, aus welchen Sie die Rechtsfragen ableiten können.

Beispiel: Laut Sachverhalt sagt A, es könne „doch nicht sein, dass B ihn nach so langer Zeit noch in Anspruch nimmt, zumal B die Sachlage doch bereits seit Jahren hätte kennen müssen, wenn er sich informiert hätte." –
Dies ist ein Wink mit dem Zaunpfahl, dass von Ihnen die Prüfung der Verjährung (§§ 194 ff. BGB) erwartet wird, insbesondere des § 199 Abs. 1 Nr. 2 BGB.

Wenn das Herausfinden einer Norm zunächst nicht gelingt, kann man auf die Technik des **Hineindenkens in das Begehren** der beteiligten Personen zurückgreifen. Man versetzt sich in die Rolle jeder Person und versucht als ihr Rechtsanwalt, die **Argumente** zusammenzutragen, die für ihre Position sprechen.

- Um z.B. die **Antwortnorm** (insb. die **Anspruchsgrundlage**, die **Ermächtigungsgrundlage** oder den **Straftatbestand**) zu finden, wird gefragt: Weshalb sollte der Mandant gerade gegen X ausgerechnet den geltend gemachten Anspruch haben? Weshalb soll die Behörde den Bürger zu dem gewollten Verhalten zwingen dürfen? Was ist an dem Verhalten des Täters so verwerflich, dass es nicht bloß rechtswidrig, sondern sogar strafbar sein muss?

  Beispiel: T druckt einen gefälschten Beleg aus, auf dem es heißt „Sofa Bodom bezahlt, Ware aushändigen". T lässt sich an der Warenausgabe des Möbelhauses I ein Sofa aushändigen, für das er nie bezahlt hat. –
  Strafwürdig an dem Verhalten des T ist zunächst offensichtlich, dass er mit Hilfe einer Täuschung bei I einen Vermögensnachteil verursacht hat, daher liegt es nahe, Betrug (§ 263 StGB) zu prüfen. T hat aber zudem auch das Vertrauen des Rechtsverkehrs in die Echtheit schriftlicher Erklärungen ange-

griffen, daher gilt es zu erkennen, dass auch Urkundenfälschung (§ 267 StGB) geprüft werden muss.

- Um die **Gegennormen** aufzufinden, sollte man sich umgekehrt fragen: Warum soll die grundsätzlich einschlägige Antwortnorm im vorliegenden Fall nicht gelten?

II. Auswählen der Rechtsnormen

1. Grundsatz: Auswahl aller Normen

Grundsätzlich sollten Sie **großzügig alle gefundenen Normen**, die Grundlage der rechtlichen Beurteilung sein können, für die Anwendung im 6. Schritt auswählen. Welche Normen letztlich die begehrte Rechtsfolge ergeben, lässt sich erst nach der exakten rechtlichen Prüfung sagen. Zudem erhalten Sie ebenso viele Punkte für die Prüfung einer möglicherweise einschlägigen Norm, deren Rechtsfolge letztlich gerade nicht greift.

a) Antwortnormen

Im **Zivilrecht** und auch im **Öffentlichen Recht** müssen Sie sich primär an der **Rechtsfolge** der Normen orientieren.

Im **Strafrecht** erfolgt die Auswahl der Straftatbestände hingegen anhand der **Tatbestandsmerkmale** und der von ihnen geschützten **Rechtsgüter**, denn die Rechtsfolge ist immer dieselbe.

Beispiel: Ist nach der Strafbarkeit des T, der den O verprügelt hat, gefragt, sind die §§ 223 ff. StGB in den Fokus zu nehmen. Auch § 113 StGB oder § 252 StGB können einschlägig sein. Die §§ 263 ff. StGB liegen hingegen sehr fern.

b) Gegennormen

Es kommen nur Gegennormen in Betracht, die die gefundene **Rechtsfolge der Antwortnorm** ausschließen, einschränken oder modifizieren.

Beispiel: Ist die Anspruchsgrundlage auf Aufwendungsersatz gerichtet (z.B. § 670 BGB), so darf die auf Schadensersatz bezogene Vorschrift des § 254 BGB jedenfalls nicht ohne zusätzliche Begründung (etwa Analogie) angewandt werden. Denn grundsätzlich schließen sich Aufwendungen als freiwillige Vermögensopfer und Schäden als unfreiwillige Vermögensopfer gegenseitig aus.

c) Hilfsnormen

Es kommen nur Hilfsnormen in Betracht, die sich auf **Merkmale der Antwort- oder Gegennormen** beziehen.

Beispiel: Enthält die Antwortnorm das Tatbestandsmerkmal „vertretbare Sachen" (z.B. § 607 Abs. 1 BGB), so darf nur § 91 BGB ausgewählt werden und nicht etwa § 92 BGB, selbst wenn seine Voraussetzungen möglicherweise vorliegen.

2. Ausschluss (nur) eindeutig nicht relevanter Normen

(Nur) eindeutig nicht relevante Normen dürfen Sie an dieser Stelle aussortieren. In Ihrer Sammlung belassen sie auch die Vorschriften, deren Eingreifen „**möglich**" erscheint in Abgrenzung zu den mehr oder weniger „**abwegigen**" Vorschriften.

Basis Ihrer Auswahlentscheidung ist Ihr **Wissen**, letztlich entscheiden aber (auch) das **Rechtsgefühl** und die **Erfahrung**. Zudem sind zwar manche Normen generell klausurrelevanter als andere, aber Ihre Sammlung muss sich am **konkreten Einzelfall** orientieren.

Beispiel: Im Stellvertretungsrecht (§§ 164 ff. BGB) sind die §§ 174, 180 BGB weniger klausurrelevant, weil sie für einseitige Erklärungen gelten, während in Klausuren Stellvertreter überwiegend beim Vertragsschluss auftauchen. Wenn aber in dem von Ihnen zu lösenden Fall jemand im Namen eines anderen (einseitig, vgl. § 143 Abs. 1 u. 3 BGB) die Anfechtung erklärt, dann gehören die §§ 174, 180 BGB natürlich in die Auswahl.

Wichtig ist, dass Sie auch solche Vorschriften im Rennen behalten, die Sie später zwar **ablehnen** werden, aber erst nach mehr oder weniger umfangreicher **Begründung**. Eine gute Klausur zeichnet sich dadurch aus, dass zunächst ein gedankliches Haus errichtet („Es könnte...", „Dafür spricht zwar...") und sodann wieder eingerissen wird („Jedoch..."). Das ist gerade dann wichtig, wenn im Ergebnis **alle Normen nicht erfüllt** sind, um auf die Frage des Unterlegenen: „Gibt es denn da keine Hoffnung?", überzeugend antworten zu können: „Nein, ich habe alle Möglichkeiten geprüft."

Ferner muss eine Norm umgekehrt auch dann in der Sammlung verbleiben, wenn **dieselbe Rechtsfolge** sich bereits aus einer anderen Norm der Sammlung ergibt. In dem von Ihnen zu verfassenden Gutachten dürfen und müssen doppelte und mehrfache Wege zum Ziel enthalten sein. Im Zivilrecht und Öffentlichen Recht schadet es nie, mehrere Pfeile im Köcher zu haben, denn die Gegenseite hat es dann umso schwerer, Ihr Gutachten anzugreifen. Im Strafrecht wirkt sich die Verwirklichung mehrerer Straftatbestände sogar unmittelbar auf das Ergebnis aus, vgl. §§ 52, 53 StGB.

Beispiel: Ein Schlag auf den Kopf kann – je nach Fallgestaltung – zu einer Strafbarkeit nach §§ 113, 223 ff., 252 StGB führen. Er kann Ansprüche aus §§ 280, 823 Abs. 2 i.V.m. StGB, 826 BGB begründen; er kann – von einem Polizisten ausgeführt – Art. 1 Abs. 1, Art. 2 Abs. 1, Art. 2 Abs. 2, Art. 8 GG betreffen.

3. Ideenzettel

Die Überlegungen beim Suchen und Auswählen der Rechtsnormen stellen einen **wesentlichen Teil der juristischen Denkarbeit** dar. Daher sollte sich Ihr zu Beginn angelegter Ideenzettel in dieser wichtigen Phase merklich füllen.

Inzwischen sollte dort stehen, welche **Vorschriften** zumindest möglicherweise eingreifen (die gänzlich abwegigen haben Sie inzwischen gestrichen). Es schadet auch nicht, wenn Sie bereits erste Vorschriften als **besonders problembehaftet** und daher als **Lösungsschwerpunkte** markiert (z.B. durch Unterstreichen) und andere Vorschriften als eindeutig zu prüfen (z.B. durch Einklammern) gekennzeichnet haben. Vielleicht haben Sie ferner einzelne wichtige **Zwischenergebnisse** oder zumindest **Weichenstellungen** („wenn § 32 StGB (+), dann...; wenn § 32 StGB (-), dann...“) notiert.

Die zuletzt genannten Punkte werden Sie zwar erst im 6. und 7. Schritt konzentriert beleuchten. Der Ideenzettel dient aber ja dazu, **jede Idee sofort festzuhalten**, um zu verhindern, dass sie Ihnen wieder entfallen ist, wenn sie „nach Plan“ „an der Reihe“ ist. Hier zeigt sich, dass mit zunehmendem Training die einzelnen Schritte ineinander übergehen.

III. Ordnen der Rechtsnormen

Bei der Prüfung der Rechtsnormen ist eine bestimmte **Rangfolge** einzuhalten, die auch von den Besonderheiten des jeweiligen Rechtsgebietes bestimmt wird.

Die folgenden Ausführungen und Beispiele sind **nicht abschließend**. Sie vermitteln Ihnen nur eine allgemeine Richtschnur für das generelle methodisch-korrekte Lösen einer Klausur. Spezielle und detaillierte Kenntnisse zu den Ordnungskriterien der einzelnen Rechtsbereiche müssen Sie sich bei der Erarbeitung des jeweiligen Rechtsbereichs aneignen. Wenn Sie in einer Klausur an dieser Stelle nicht weiterwissen, dann können Sie sich die spezifischen Ordnungskriterien mit den folgenden generellen Ausführungen herleiten.

Ganz wichtig ist, dass das Folgende zum überwiegenden Teil – wie überhaupt jedes Aufbauschema – nur eine **Empfehlung für den Regelfall** ist, die sich im Laufe der Zeit als zweckmäßig herausgestellt und daher als üblich etabliert hat. In den meisten Fällen gibt das Gesetz aber **keine rechtsverbindliche Reihenfolge** vor. Sie müssen sich daher stets fragen, ob der **konkrete Einzelfall** es gebietet, eine andere Reihenfolge zu wählen. Oberstes Ziel eines jeden Aufbaus und einer jeden Normordnung sind

- die **Verständlichkeit** der Darstellung,
- die **Beachtung** des **Vorrangs** einer Norm, insbesondere eine von ihr ausgelöste **Sperrwirkung** und
- soweit möglich, die **Vermeidung** von **Inzidentprüfungen**.

1. Allgemeine Ordnungskriterien

Ordnungskriterien für jedes Rechtsgebiet sind der Vorrang und die Zweckmäßigkeit.

a) Rangverhältnis

Es gibt **sechs Fälle** des Vorrangs:

aa) Logischer Vorrang

Eine Norm oder eines ihrer Merkmale kann **denklogisch** erst prüfbar sein, nachdem man zuvor über eine andere Norm oder ein anderes Merkmal in einem bestimmten Sinne entschieden hat. Ein solcher Vorrang ist nach dem **abstrakten Inhalt des Gesetzes** und nicht nach den konkreten Fallumständen zu beurteilen.

Beispiele:

- Die Anwendbarkeit einer Norm (z.B. ihre Vereinbarkeit mit Verfassungsrecht, insbesondere in Klausuren aus dem öffentlichen Recht) ist zu klären, bevor man ihre Voraussetzungen erörtert.
- Bei einer unerlaubten Handlung gemäß § 823 Abs. 1 BGB ist die Rechtsverletzung logisch vorrangig vor ihrer Widerrechtlichkeit und dem Verschulden. Die Widerrechtlichkeit ist wiederum logisch vorrangig vor dem Verschulden, welches auch die Widerrechtlichkeit umfassen muss.
- Auch im Strafrecht wird geprüft: objektiver Tatbestand, subjektiver Tatbestand, Rechtswidrigkeit, Schuld.

bb) Spezialität

Spezialität liegt vor, wenn zwei Normen dieselben Voraussetzungen haben (A, B, C) und eine von ihnen zusätzlich weitere Voraussetzungen hat (A, B, C, D, E).

Beispiel: Diebstahl mit Waffen (§ 244 Abs. 1 StGB) ist spezieller als (einfacher) Diebstahl (§ 242 StGB).

Im **Zivilrecht** und im **Öffentlichen Recht** werden Spezialnormen regelmäßig **vor** den allgemeinen Normen geprüft. Sind Spezialnormen einschlägig, so sind die von ihnen verdrängten allgemeinen Normen nur kurz als unanwendbar zu erwähnen.

Beispiele: Besteht ein Eigentümer-Besitzer-Verhältnis (EBV), so sind gemäß § 993 Abs. 1 Hs. 2 BGB die §§ 823 ff. BGB und die §§ 812 ff. BGB gesperrt.

Auch im **Strafrecht** prüfen Sie die speziellere Norm zuerst, wenn die allgemeine Norm keine großen Probleme aufwirft. Sie sollten aber zwecks Übersichtlichkeit mit der allgemeinen Norm beginnen, wenn diese längere Ausführungen erfordert. Das Verhältnis der Normen zueinander klären Sie in beiden Fällen zum Schluss unter dem Prüfungspunkt **„Konkurrenzen"**.

Beispiel: Ist äußerst fraglich, ob der Dieb Vorsatz hinsichtlich des Merkmals „fremd" hatte, so sollten Sie zunächst § 242 StGB prüfen und dort diese Problematik ansprechen. Falls Sie § 242 StGB bejaht haben, prüfen Sie als nächstes § 244 StGB. Falls Sie sodann auch § 244 StGB bejaht haben, stellen Sie zum Schluss fest, dass § 244 StGB spezieller als § 242 StGB ist, sodass § 242 StGB zurücktritt und daher nur eine Strafbarkeit aus § 244 StGB vorliegt.

Reichen die Rechtsfolgen der allgemeinen Norm weiter als die der Spezialnorm oder ist der Tatbestand der Spezialnorm nicht vollständig erfüllt, so ist durch Auslegung zu klären, ob die Spezialnorm eine **abschließende Regelung mit Sperrwirkung** enthält. Enthält die Spezialnorm keine abschließende Regelung, so bleibt die allgemeine Norm **anwendbar**, soweit die Spezialnorm nicht erfüllt ist. Es besteht keine Sperrwirkung.

Beispiele:

Das EBV soll gerade dann spezieller als die §§ 823 ff. BGB und §§ 812 ff. BGB sein, wenn sich aus den Vorschriften des EBV (insb. §§ 987, 989, 990 BGB) kein Anspruch auf Nutzungs- bzw. Schadensersatz ergibt. Ein Besitzer, der nicht aus dem EBV haftet, soll auch nicht aus allgemeineren Normen haften. Daher sperrt das EBV die §§ 823 ff. BGB und §§ 812 ff. BGB.

Maßnahmen gegenüber einer Versammlung darf die zuständige Behörde nur nach dem einschlägigen Versammlungsgesetz des Bundes bzw. mancher Länder treffen. Das allgemeine Polizei- und Ordnungsrecht ist gesperrt.

Gegenbeispiele:

Liegt keine Sittenwidrigkeit wegen Wuchers (§ 138 Abs. 2 BGB) vor, so ist die allgemeine Sittenwidrigkeit nach § 138 Abs. 1 BGB zu prüfen.

Scheitert eine Strafbarkeit nach § 340 StGB daran, dass der Täter kein Amtsträger i.S.d. § 11 Abs. 1 Nr. 2 StGB ist, so kann er sich gleichwohl noch nach § 223 StGB strafbar gemacht haben.

cc) Subsidiarität

Von Subsidiarität spricht man, wenn von mehreren auf einen Sachverhalt zutreffenden Normen die eine **nur hilfsweise** für den Fall Geltung beansprucht, dass nicht bereits die andere durchgreift.

Im BGB wird dies vielfach **ausdrücklich klargestellt**, typisch mit Wendungen wie „nicht bestimmt" (§ 271 BGB) oder „sofern sich nicht aus dem Gesetz ein anderes ergibt" (§ 741 BGB).

dd) Vom Grundsatz zur Ausnahme

Im **alltäglichen Leben** neigt man dazu, in atypischen Situationen sofort den Ausnahmecharakter der Situation anzusprechen. So wird der Gesprächspartner nicht mit banalen Alltäglichkeiten genervt, sondern direkt auf die unerwartete Situation hingewiesen.

Niemand sagt „Grundsätzlich ist eine Brücke dazu da, um auf ihr über den Abgrund zu laufen, aber ausnahmsweise solltest Du diese Brücke hier nicht betreten, weil sie defekt ist.". **Üblich** ist vielmehr „Du solltest die Brücke nicht betreten, weil sie defekt ist."

In der **Klausur** und sowieso allgemein beim **juristisch-logischen Denken** ist es hingegen üblich und sinnvoll, **Regelungsstrukturen vom Grundsatz zur Ausnahme** hin darzustellen. Hauptgrund dafür ist, dass auch der Gesetzgeber diese Technik benutzt, das wird zum Beispiel sehr schön in § 366 Abs. 2 BGB deutlich. Dementsprechend ist der Adressat (Ihr Prüfer) diese **Darstellungsweise** gewohnt. Auch Ihnen wird diese Darstellungsweise immer mehr in Fleisch und Blut übergehen. Sie sollten auch **beim Lernen** Regelungsbereiche möglichst oft in Regel-Ausnahme-Rückausnahme-Beziehungen einteilen.

Beispiel: Grundsätzlich ist es gemäß § 137 S. 1 BGB nicht möglich, durch Rechtsgeschäft die eigene Verfügungsbefugnis über ein Recht einzuschränken. Ausnahmsweise ist eine solche Beschränkung gemäß § 399 Var. 2 BGB aber bezüglich Rechten in Form einer Forderung doch möglich. Als Rückausnahme bestimmt jedoch § 354 a Abs. 1 S. 1 HGB, dass eine Verfügungsbeschränkung hinsichtlich bestimmter Geldforderungen nicht möglich und daher eine Abtretung möglich ist. Eine Ausnahme zu dieser Rückausnahme findet sich allerdings wiederum in § 354 a Abs. 2 HGB für bestimmte Darlehensforderungen.

ee) Verfahrensrechtlicher Vorrang

Aufgrund verfahrensrechtlicher Vorschriften kann zunächst eine Frage positiv zu entscheiden sein, ehe die andere geprüft werden darf. Es gibt zwei Hauptfälle:

- **Zulässigkeit** einer Klage **vor der Begründetheit** einer Klage

  Die Zulässigkeitsprüfung betrifft nämlich die Frage, ob der Richter zu dem sachlichen Streit, d.h. zur Begründetheit, **überhaupt Stellung nehmen darf**. Ist beispielsweise der Kläger nicht parteifähig, so ist die Klage nicht zulässig, und der Richter darf (!) ihre Begründetheit nicht prüfen.

- **Formelle Voraussetzungen** des Behördenhandelns **vor materiellen Voraussetzungen**

  Eine Behörde prüft zuallererst, ob sie **zuständig** ist und sodann, welche **Verfahrens- und Formvorschriften** sie einhalten muss, bevor sie die materiellen Voraussetzungen der Ermächtigungsgrundlage prüft. In der Klausur befinden Sie sich oft nicht in der Rolle der Behörde, sondern sie prüfen eine bereits ergangene behördliche Entscheidung. Dabei ist es dann zwar nicht zwingend, dieselbe Prüfreihenfolge wie die Behörde einzuhalten, aber es ist absolut üblich und daher zu empfehlen.

ff) Parteibestimmung

In öffentlich-rechtlichen und noch mehr in zivilrechtlichen Klausuren kann die **Erklärung einer Partei** die Ordnung der Normen beeinflussen.

So ist im Zivilprozess das Gericht an die Anträge der Parteien gebunden (**Dispositionsgrundsatz**, § 308 ZPO). Hauptanwendungsfall sind die echten **Haupt- und Hilfsanträge**.

Beispiel: K verlangt in erster Linie Herausgabe einer Sache, hilfsweise Schadensersatz. –
Es ist zunächst eine vollständige Prüfung (Zulässigkeit und Begründetheit) des Hauptantrags erforderlich. Erst dann und nur, wenn der Hauptantrag unzulässig oder unbegründet ist, dürfen Sie den Hilfsantrag prüfen.

Auch aus materiell-rechtlichen Erklärungen als Ausdruck der **Privatautonomie** kann sich ein Vorrang ergeben.

Beispiel: Erklärung der Anfechtung und hilfsweise des Rücktritts.

Eine Festlegung der **Reihenfolge**, in der das Gericht die **Anspruchsgrundlagen** zu prüfen hat (z.B. gesetzliche vor vertraglichen Ansprüchen), ist dem Kläger jedoch **nicht gestattet**.

b) Zweckmäßigkeit

Soweit kein Vorrang besteht, erfolgt die Prüfung nach Zweckmäßigkeitsgesichtspunkten. Im Wesentlichen gelten für alle Rechtsgebiete zwei Zweckmäßigkeitsgesichtspunkte:

- An den Anfang gehört möglichst die Vorschrift mit der größten **Kennzeichnungs- und Durchschlagskraft**. Das ist im Zivilrecht die Anspruchsgrundlage, die das Gläubigerinteresse am besten befriedigt, weil sie die weitestgehende Rechtsfolge hat und/oder am leichtesten festzustellen ist. Ähnlich ist es im öffentlichen Recht, denn dort sollten Sie das Grundrecht mit dem stärksten Schutz zuerst prüfen. Im Strafrecht ist es das Delikt mit der höchsten Strafandrohung.

  Beispiele: Prüfen Sie Mord (§ 211 StGB) vor Hausfriedensbruch (§ 123 StGB) und Freiheitsgrundrechte (z.B. Art. 4, 5, 9, 12, 14 GG) vor Gleichheitsgrundrechten (z.B. Art. 3 GG). Keine klare Empfehlung besteht hingegen für Ansprüche aus Rücktritt (§§ 346 ff. BGB) und vertraglichem Schadensersatz statt der Leistung (§§ 280 Abs. 1 u. 3, 281/283 BGB). Die Rechtsfolge des

Schadensersatzes geht zwar weiter als die des Rücktritts, dafür erfordert der Schadensersatz ein (wenn auch vermutetes, § 280 Abs. 1 S. 2 BGB) Vertretenmüssen des Schuldners. Wichtig ist vor allem, dass Sie beide Ansprüche prüfen, vgl. § 325 BGB.

- **Inzidentprüfungen** sollten Sie, wie erwähnt, **vermeiden**.

2. Zivilrecht: Ordnung der Anspruchsgrundlagen

Die Reihenfolge der Ermächtigungsgrundlagen und Straftatbestände ist oft nicht zwingend, abgesehen von den unter 1. erörterten Grundregeln. Im Zivilrecht hingegen sind die Anspruchsgrundlagen in großem Maße voneinander abhängig. Bezogen auf das **jeweilige Begehren** des Anspruchsstellers sollten Sie daher die **Anspruchsgrundlagen** in folgender **Reihenfolge** prüfen

- **Vertragliche Ansprüche**
  - **Primäranspruch**
  - **Sekundäransprüche**

  Vertragliche sind vor gesetzlichen Ansprüchen zu prüfen. Denn sie können die gesetzlichen Ansprüche ausschließen, indem sie etwa zu einer Geschäftsführung berechtigen (§ 677 BGB), ein Recht zum Behaltendürfen (§ 812 BGB), zur Verletzungshandlung (§ 823 BGB) oder zum Besitz (§ 986 BGB) gewähren und den deliktischen Haftungsmaßstab beeinflussen.

  Der Primäranspruch (z.B. § 433 Abs. 1 S. 1, Übergabe und Übereignung der Kaufsache) bzw. sein Schicksal ist Tatbestandsvoraussetzung der Sekundäransprüche, die neben ihn (z.B. §§ 280 Abs. 1 u. 2, 286 BGB) bzw. an seine Stelle (z.B. §§ 280 Abs.1 u. 3, 281/283 BGB oder § 346 BGB) treten. Seine vorrangige Prüfung verhindert daher Inzidentprüfungen.

- **Quasivertragliche Ansprüche (vertragsähnliche Ansprüche)**
  - **Schadensersatz aus vorvertraglichem Schuldverhältnis**, §§ 280 Abs. 1, 311 Abs. 2, 241 Abs. 2 BGB (sog. culpa in contrahendo)
  - Ansprüche aus **Geschäftsführung ohne Auftrag**, §§ 677 ff. BGB

    Zumindest Ansprüche aus berechtigter Geschäftsführung ohne Auftrag sind vor gesetzlichen Ansprüchen zu prüfen. Diese gewährt ähnlich wie ein Vertrag Rechte zum Behalten (§ 812 BGB), zum Eingriff (§ 823 BGB) und zum Besitz (§ 986 BGB) und kann den deliktischen Haftungsmaßstab beeinflussen (vgl. § 680 BGB).

- **Dingliche Ansprüche** (§§ 861 f., 985, 987 ff., 1004, 1007, 2018 ff. BGB)

  Dingliche Ansprüche sollten vor dem Delikts- und vor dem Bereicherungsrecht geprüft werden. Sie enthalten für Schadensersatz und Nutzungen spezielle Regelungen, die Delikts- und Bereicherungsansprüche weitgehend oftmals sperren.

- **Ausgleichsansprüche**
  - **ungerechtfertigte Bereicherung**, §§ 812 ff.
  - **unerlaubte Handlung**, §§ 823 ff.

    Selbst, wenn diese Ansprüche nicht gesperrt sind, so können gleichwohl ihre Tatbestandsmerkmale „ohne rechtlichen Grund" (§ 812 BGB) oder „Rechtswidrigkeit" bzw. „Verschulden" (§ 823 BGB) von den zuvor genannten Ansprüchen beeinflusst werden.

Sie müssen ferner darauf achten, dass jeder neue Prüfungspunkt **ohne logische Brüche** auf den vorherigen folgt. Das gilt in jedem Rechtsgebiet, bereitet aber erfahrungsgemäß vor allem im Zivilrecht mitunter Schwierigkeiten. Insbesondere **Rechtsübertragungen** müssen Sie u.U. **inzident und chronologisch rückwärts** prüfen.

Beispiel: A übereignet ein Fahrrad an B. B übereignet es an C.
Auf die Fragen, „Wer ist Eigentümer?" und „Ist B Eigentümer?" können Sie chronologisch prüfen: Übereignung A an B und sodann Übereignung B an C.
Auf die Frage „Ist C Eigentümer?", dürfen Sie jedoch nicht mit der Übereignung A an B beginnen, denn es ist an dieser Stelle nicht unmittelbar relevant, ob B Eigentümer ist. Vielmehr müssen Sie mit der Übereignung B an C beginnen und dabei darlegen, dass B zur Übereignung an C nur berechtigt ist, wenn zuvor B von A das Eigentum erhalten hat. Sie prüfen also die Übereignung von A an B inzident in der Übereignung von B an C.

C. Die Rechtsanwendung (6. Schritt)

Nunmehr müssen Sie das **abstrakte Recht** auf den **konkreten Sachverhalt** der Klausur anwenden.

Normen sollen alle denkbaren (und selbst noch nicht denkbaren) Lebenssachverhalte erfassen. Sie sind daher **abstrakt-generell** formuliert. Für grundrechtsbeschränkende Normen ist das sogar in Art. 19 Abs. 1 GG angeordnet.

Sie müssen untersuchen, ob und in welchem Umfang der Sachverhalt die gesammelten Normen **erfüllt** und welche konkreten **Folgen** sich dadurch für Ihren Fall ergeben.

Beispiel: In §§ 823 Abs. 1, 903 S. 1 und 1004 Abs. 1 BGB sowie in Art. 14 Abs. 1 S. 1 GG steht „Eigentum". Dort steht nicht etwa „gelbes Fahrrad", „alter Elefant", „rostiges Auto" oder „Zahlungsforderung". Sie müssen daher untersuchen, ob die im Sachverhalt genannten Gegenstände zum Eigentum gehören. –
Achtung: Dabei kann das Ergebnis je nach Rechtsgebiet unterschiedlich ausfallen. Die vier genannten Beispiele unterfallen alle dem Eigentumsbegriff des GG, nicht jedoch des BGB. Denn zivilrechtlich kann Eigentum nur an Sachen, also an körperlichen Gegenständen, und an Tieren bestehen, vgl. §§ 90 f. BGB. Daher gibt es an Forderungen kein Eigentum im zivilrechtlichen Sinne.

Von zentraler Wichtigkeit hierfür ist, dass Sie die bereits erwähnte Unterscheidung von Tatbestand und Rechtsfolge einer Norm („Wenn dies, dann das-Struktur") beachten. Die in der Rechtsnorm bestimmte **Rechtsfolge tritt im konkreten Einzelfall nur ein, wenn die den abstrakten Tatbestandsmerkmalen entsprechenden Tatsachen konkret gegeben sind**.

Die **Kunst in der Klausur** besteht darin, **grenzwertige Sachverhalte** zu beurteilen, die eine Rechtsnorm nur möglicherweise erfüllen. In der Klausur gibt es die Punkte nicht dafür, dass Sie dasselbe Ergebnis wie die Musterlösung oder die h.M. in vergleichbaren Fällen erzielen (obgleich das natürlich auch nicht schadet), sondern für eine überzeugende, logische Argumentation. Es gilt: **Je grenzwertiger der Sachverhalt, umso ausführlicher die Prüfung und umso entscheidender für eine gute Note.**

Beispiel: Die Körperverletzung (§ 223 StGB) erfordert u.a. eine körperliche Misshandlung. Es ist leicht zu erkennen, dass ein Faustschlag ins Gesicht dieses Merkmal erfüllt, während das kurze Zuwedeln von Luft mit einem Fächer den Tatbestand nicht erfüllt.
Wie ist es aber mit dem Anhauchen eines Menschen nach dem Verzehr einer Knoblauchzehe oder der Ausrichtung eines starken Industrieventilators auf ihn? Wie ist es mit einem Anspucken, einem Anschreien aus nächster Nähe oder dem Abschneiden von Haaren? Wie ist es mit einem Skalpellschnitt, den ein Arzt ausführt?

I. Prüfung einer Rechtsnorm

Grundsätzlich sollten Sie jede Norm so prüfen, dass Sie **jedes erforderliche Tatbestandsmerkmal einzeln** (in der gebotenen Länge oder Kürze) analysieren, wobei gelegentlich Merkmale nicht kumulativ, sondern nur alternativ vorliegen müssen. Sind alle erforderlichen Tatbestandsmerkmale erfüllt, so erörtern Sie sodann den **Inhalt und Umfang der Rechtsfolge.** Auf diese Weise stellen Sie sicher, dass Sie kein Tatbestandsmerkmal vergessen.

Beispiel: § 164 Abs. 1 BGB

(1) Tatbestand/Voraussetzungen

- (a) eigene Willenserklärung und kumulativ
- (b) in fremdem Namen und kumulativ
- (c) mit Vertretungsmacht, in Form von alternativ entweder Vollmacht oder gesetzlicher Vertretungsmacht oder Rechtsscheinsvollmacht

(2) Rechtsfolge: Erklärung gilt für und gegen den Vertretenen

1. Prüfungsreihenfolge

Bei der Normprüfung sind die einzelnen **Tatbestandsmerkmale** in eine Prüfungsreihenfolge zu bringen. Maßgeblich ist, ob Vorrangigkeit oder Gleichrangigkeit der Tatbestandsmerkmale besteht.

a) Vorrangigkeit

Logisch vorrangige Merkmale gehören an den **Anfang**.

Beispiele:

Nur Sachen können fremd sein, daher ist im Rahmen von § 242 StGB das Merkmal „Sache" vorrangig vor dem Merkmal „fremd".

In allen Rechtsgebieten kann die „Kausalität" nur geprüft werden, nachdem die (vermeintlich ursächliche) „Handlung" und der (vermeintlich verursachte) „Erfolg" benannt wurden.

Ausnahmsweise kann man vom logischen Rangverhältnis abweichen, wenn im vorrangigen Merkmal das Problem liegt, das nachrangige Merkmal gänzlich unproblematisch ist und man dadurch das Problem des Falles deutlicher herausstellen kann. Der an sich bestehende logische Vorrang sollte aber auch in diesem Fall deutlich gemacht werden.

Beispiel: Ist alleine die Anwendbarkeit des § 812 problematisch, dann kann man schreiben: „A könnte gegen B einen Anspruch aus § 812 BGB haben. Zwar hat A an B das Eigentum an dem Pkw geleistet. Fraglich ist aber bereits, ob § 812 BGB überhaupt anwendbar ist ..."

b) Gleichrangigkeit

Besteht **kein logisches Rangverhältnis**, so sind die Merkmale gleichrangig.

Beispiele:

„Eigentum" und „Besitz" in § 985 BGB

„grob verkehrswidrig" und „rücksichtslos" in § 315 c Abs. 1 Nr. 2 StGB – „verkehrswidrig" ist hingegen denklogisch vorrangig vor „grob"

Gleichrangige Merkmale sind in einer **zweckmäßigen Reihenfolge** zu erörtern. Oft gibt es hier mehrere sinnvolle Reihenfolgen. Je nach Norm sollten Sie z.B.

- die **vom Gesetz gewählte** Reihenfolge einhalten,

  Beispiel: § 125 S. 1 BGB – Rechtsgeschäft; Formmangel

- **objektive Merkmale vor subjektiven Merkmalen** prüfen oder

  Beispiele: im Strafrecht objektiver Tatbestand vor subjektivem Tatbestand (außer bei Versuch)

- **zeitliche Reihenfolgen** beachten

  Beispiel: § 263 StGB – Täuschungshandlung, dadurch kausaler Irrtum, dadurch kausale Vermögensverfügung, dadurch kausaler Vermögensschaden

2. Prüfungs- und Aufbauschemata

Für viele gängige Normen und Normbereiche haben sich **allgemein übliche Prüfungsabläufe** eingebürgert. Diese werden oft als sog. Schemata auswendig gelernt.

Auch viele Produkte von **Alpmann Schmidt** enthalten Prüfungsschemata. Die Reihe A-Aufbauschemata besteht sogar ausschließlich aus solchen.

Sie sollten die gängigen Schemata zwar im Wesentlichen kennen, bei Ihrem Erlernen und Anwenden aber **vorsichtig** sein.

- Schemata haben (natürlich!) **keine Gesetzeskraft**. Daher ist immer das vorrangig, was im (vielleicht kurz vor Ihrer Klausur geänderten) Gesetz steht.

- Außerdem ist auch das beste Schema **nie vollständig** und andererseits enthält es doch oft **viel mehr Probleme** als die von Ihnen konkret zu lösende Klausur. Es kann daher bei der Schwerpunktsetzung, die für eine gute Note erforderlich ist, sogar hinderlich sein.

- Ein Schema kann zudem zwar für 99 Fälle gelten, aber im 100. Fall **in die Irre führen oder sogar falsch** sein. Sie müssen daher bei jeder Falllösung kritisch hinterfragen, ob Sie das Schema modifizieren oder zumindest zwecks besserer Verständlichkeit seine Reihenfolge ändern müssen.

- Ferner dürfen Sie in der Klausur **nur Ihre Gesetzessammlungen benutzen**. Sie müssen also lernen und üben, eine Prüfungsreihenfolge aus dem Gesetz herzuleiten, insbesondere für unbekannte Normen in Entdeckerklausuren. Daher ist es auch **überflüssige Arbeit**, ein Schema auswendig zu lernen, wenn es sich ohnehin aus dem Gesetz ergibt.

  Beispiel: Jedem Schema können Sie entnehmen, dass der mittelbare Besitz i.S.d. § 868 BGB den „Fremdbesitzerwillen" erfordert. Das ergibt sich aber auch aus dem Wortlaut des § 868 BGB, nämlich aus dem Wort „als".

- Andererseits müssen Sie in Ihrer Klausur begründen, warum Sie Prüfungsschritte vornehmen, die **nicht im Gesetz stehen** – und dabei ist „das steht doch so im Schema" kein Argument, sondern es sind wie immer Sachargumente gefragt!

Beispiel: Jedem wirklich guten Schema können Sie entnehmen, dass der auf eine Sache gerichtete Betrug erfordert, dass das Opfer „Verfügungsbewusstsein" hat, obwohl das nicht in § 263 StGB steht. Systematisches Sachargument hierfür ist, dass der Sachbetrug vom Trickdiebstahl (§ 242 StGB) abzugrenzen ist. Für letztgenannten ist erforderlich, dass das Opfer die Sachherrschaft ohne entsprechendes Bewusstsein und Willen verliert.

Begreifen und Nutzen Sie Schemata also als das, was Sie sind: **Hilfreiche Aufbaugerüste**, nicht mehr und nicht weniger. Sie werden wie von selbst viele Schemata verinnerlichen, wenn Sie beim Wissenserwerb primär auf das Verständnis legen. Fragen Sie sich bei jedem Tatbestandsmerkmal, warum dieses erforderlich ist, dann fällt Ihnen in der Klausur auch leicht ein, dass es erforderlich ist. Ihren Lernfokus sollten Sie allenfalls kurz vor der Klausur auf die Schemata legen.

II. Techniken und Mittel der Rechtsanwendung

Die folgenden Techniken und Mittel sind das **absolut essentielle Handwerkszeug** des Juristen. Sie benötigen sie in **jeder Klausur**. Sie müssen diese Mittel daher ab dem ersten Tag des Studiums trainieren und möglichst bald im Schlaf beherrschen.

Inhaltliche Wissenslücken zu einem Rechtsgebiet schaden nur, wenn es gerade auf dieses Wissen ankommt, aber **methodische Schwächen rächen sich stets**!

1. Subsumtion

Eine Rechtsfolge wir durch das **Zusammenwirken einer abstrakten Rechtsnorm und konkreter Tatsachen** ausgelöst. Sie müssen Sachverhalt und Rechtsnorm miteinander **vergleichen** und feststellen, inwieweit sie **übereinstimmen.**

Dieses Vergleichen wird als **Subsumtion** (auch: Subsumption; lat.: sub = unter und sumere = nehmen) des Sacherhalts unter das Gesetz bezeichnet.

Eine Rechtsnorm enthält in der Regel mehrere Tatbestandsmerkmale und damit mehrere Rechtsbegriffe. Die Subsumtion muss daher **nacheinander** bezüglich jedes einzelnen Tatbestandsmerkmals geschehen. Sie subsumieren also nicht „den kompletten Sachverhalt" unter „das Gesetz", sondern unter das konkrete Merkmal den jeweils relevanten Sachverhaltsteil.

a) Subsumtionstechnik

Die Subsumtion beruht auf dem **Syllogismus**, einer Denkfigur aus der Logik. Mit dem logischen Syllogismus werden **zwei Aussagen** („Ist-Sätze") **zu einer dritten Aussage verknüpft**.

- Erste Aussage **(Obersatz)**: Alle Menschen sind sterblich.
- Zweite Aussage **(Untersatz)**: Sokrates ist ein Mensch.
- Verknüpfung **(Schlusssatz)**: Also ist Sokrates sterblich.

Bei dem **juristischen Syllogismus** wird vor die eigentliche Anwendung der syllogistischen Denkweise eine **These** (Idee) gestellt. Diese steht üblicherweise im Konjunktiv („Könnte-Satz"). Im obigen klassischen Beispiel lautet die These: „Sokrates könnte sterblich sein."

Daraus ergeben sich **vier Schritte:**

- **These:** „Könnte-Satz", Benennung des zu prüfenden Merkmals

  Beispiel: Das Methodikskript könnte eine Sache sein.
- **Obersatz**: allgemeine Definition

  Beispiel: Eine Sache ist gemäß § 90 BGB ein körperlicher Gegenstand, also ein räumlich begrenzter und anfassbarer Gegenstand.
- **Untersatz**: Benennung des konkreten Sachverhalts und Unterordnung (Subsumtion) desselben unter die Definition

  Beispiel: Das Skript ist räumlich durch die Ränder seines Papiers begrenzt und man kann es anfassen.
- **Schlussfolgerung**: Ergebnis

  Beispiel: Somit ist das Methodikskript eine Sache.

Den zweiten und den dritten Schritt müssen Sie gedanklich sehr deutlich auseinanderhalten, denn sie sind **grundverschieden:**

- Die **Definition** ist **abstrakt**. Sie gilt für jeden denkbaren Fall, daher müssen Sie sie als Textbaustein in jede andere Falllösung hineinkopieren können. Daher darf in der Definition der konkret zu beurteilende Sachverhalt nicht auftauchen.
- Die **Subsumtion** enthält hingegen den **konkreten Sachverhalt**, sie passt zu keinem anderen Fall. Daher sind unkonkrete „Subsumtionen" wie etwa „Das ist hier der Fall." grob falsch.

Ziel der Subsumtion ist es, den Sachverhalt und das Gesetz derart geschickt zu verknüpfen, dass der Ergebnissatz nur noch der Form halber das feststellt, was ohnehin dank der Subsumtion **offensichtlich (evident)** ist. In krassen Grenzfällen ist der Aufwand hierfür regelmäßig sehr groß. In eindeutige(re)n Fällen kann die Evidenz hingegen leichter festgestellt werden oder sie besteht sogar von Anfang dann. Dann ist es unnötig (und mangels Problemhervorhebung durch Schwerpunktsetzung: falsch – dazu noch näher unten), ausführlich in vier Schritten zu prüfen. Sie dürfen und müssen dann Ihre Ausführungen kürzer halten.

Beispiel: Das Methodikskript ist als körperlicher Gegenstand eine Sache i.S.d. § 90 BGB.

Es gilt: **Je grenzwertiger die Subsumtion, desto ausführlicher und schulmäßiger muss sie ausfallen.**

b) Definitionen

Sie können die Evidenz mittels Subsumtion des konkreten Sachverhalts nur überzeugend herstellen, wenn Sie zuvor eine **abstrakte Definition** des Merkmals nennen. Ein **häufiger Klausurfehler** ist das Fehlen der Definition! Jede Definition dient der **Abgrenzung** und der **Auslegung** (s. dazu unten 2.) des Gesetzes. Die Definition muss den Rechtsbegriff soweit **entfalten** und **konkretisieren**, bis die Übereinstimmung bzw. Nichtübereinstimmung evident wird.

aa) Definitionsarten und -strukturen

Nominaldefinitionen umschreiben ein Tatbestandsmerkmal isoliert, ohne auf andere bekannte Begriffe zurückzugreifen.

Beispiele:

Gesundheitsschädigung i.S.d. § 223 StGB ist das Hervorrufen oder Steigern eines pathologischen Zustands.

Körperliche Misshandlung i.S.d. § 223 StGB ist jede üble, unangemessene Behandlung, die das körperliche Wohlbefinden mehr als nur unerheblich beeinträchtigt.

Realdefinitionen betten demgegenüber einen Begriff in ein schon bekanntes Begriffsumfeld ein. Sie umschreiben ein Tatbestandsmerkmal zumeist durch Aufzeigen der höheren Gattung und Hinzufügen des Artunterschiedes.

Beispiel: Der zivilrechtliche Begriff des „Schadens" (z.B. in § 249 ff., 280 ff., 823 ff.) ist ein Unterfall des „Vermögensopfers". Nur bestimmte Vermögensopfer sind Schäden, nämlich unfreiwillige. Schaden ist daher jedes unfreiwillige Vermögensopfer.

Wird ein Unterbegriff durch Ausschnitt aus einer höheren Gattung (Oberbegriff) definiert, entsteht zugleich ein anderer Unterbegriff, der **Gegenbegriff** zu dem definierten Begriff.

Beispiel: Vermögensopfer, die freiwillig geschehen, werden als Aufwendungen (vgl. z.B. § 670 BGB) bezeichnet. Aufwendung ist also jedes freiwillige Vermögensopfer.

Es kann dabei eine mehrfach gestufte **Verschachtelung** der Definitionen entstehen.

Beispiel: Aufwendungen, die im Hinblick auf eine Sache geschehen und dieser zugute kommen, werden als Verwendungen (vgl. §§ 994, 996 BGB) bezeichnet. Verwendung sind also bestimmte Aufwendungen, welche wiederum bestimmte Vermögensopfer sind. Letztlich sind Verwendungen freiwillige Vermögensopfer im Hinblick auf eine Sache.

bb) Quelle der Definition

Für die Definition gibt es **drei** mögliche **Quellen**:

- Schauen Sie zuerst, ob das Gesetz eine **Legaldefinition** enthält, denn diese müssen Sie nur abschreiben und nicht auswendig wissen. Sie sind entweder als ganzer Satz formuliert („XYZ ist ...“) oder das definierte Merkmal steht im Gesetzestext in Klammern. Gerade im Öffentlichen Recht stehen Definitionen oft gesammelt am Anfang eines Spezialgesetzes.

  Beispiele: § 121 Abs. 1 BGB (unverzüglich); § 276 Abs. 1 u. 2 BGB (Vertretenmüssen und Fahrlässigkeit); § 32 Abs. 2 StGB (Notwehr); § 35 VwVfG (Verwaltungsakt und Allgemeinverfügung); § 3 BImSchG (zahlreiche Begriffe)

- Gibt es keine Legaldefinition, so ist es hilfreich und zeitsparend, wenn Sie die Definition **auswendig** kennen.
  - Absolute **Klassiker** sollten Sie mehr oder weniger **Wort für Wort** beherrschen.

    Beispiel: Wegnahme i.S.d. § 242 StGB ist der Bruch fremden und die Begründung neuen, nicht notwendigerweise tätereigenen Gewahrsams.

  - Bei **sonstigen Begriffen** genügt es, wenn Sie sich in **Stichpunkten** die wichtigsten Inhalte merken und aus diesen dann spontan einen vollständigen Satz bilden.

    Beispiel: Höhere Gewalt i.S.d. § 7 StVG ist ein Ereignis, dass nicht innerhalb des Verkehrsgeschehens seinen Ursprung hat, sondern von außen in dieses eingreift, und welches selbst von einem idealtypischen Verkehrsteilnehmer weder vorhergesehen noch abgewendet werden kann. – Merken Sie sich „von außen“, „unvorhersehbar“ und „unabwendbar“.

- Im Übrigen, insbesondere in exotischen Fällen („Entdeckerklausuren“ aufgrund einer Vademecum-Klausel) oder wenn Sie gedanklich auf dem Schlauch stehen, müssen Sie sich die Definition mithilfe der **Auslegungsmethoden** (näher dazu sogleich unter 2.) und ihres Menschenverstands **selbst herleiten** bzw. in der Eile der Klausur **schlicht ausdenken**. Nochmal: Ohne Definition können Sie nicht subsumieren! Daher ist jede (halbwegs überzeugende) Definition **besser als keine Definition**.

In diese Situation geraten Sie **beispielsweise** in öffentlich-rechtlichen Klausuren, in welchen (für die Klausur ausgedachte, fiktive) Normen abgedruckt sind. Wenn etwa laut der Taubenfütterverordnung der Gemeinde G das Füttern von „Tauben und sonstigen fliegenden Tieren" verboten ist und Rentnerin R Schmetterlinge füttert, dann müssen Sie „fliegendes Tier" definieren, bevor sie Schmetterlinge hierunter subsumieren.

Zur Übung, lesen Sie zunächst nur den ersten folgenden Satz: Definieren Sie „selbstständig" !

Fertig?

Dann schauen Sie, ob Ihr Ergebnis in etwa der Legaldefinition des § 84 Abs. 1 S. 2 HGB entspricht – wenn Sie also diese Norm kennen, dann müssen Sie sich in der Klausur die Definition nicht selbst herleiten.

2. Auslegung

Ist ein Merkmal des Tatbestands oder der Rechtsfolge einer Rechtsnorm **unklar oder mehrdeutig**, so muss es ausgelegt werden.

Beispiele:

Ein „Schloss" kann die Residenz eines Königs oder Teil einer Tür sein.

Das Tatbestandsmerkmal „Werktag" kann den Samstag erfassen (z.B. bei § 573 c BGB), oder auch nicht (z.B. bei § 556 b Abs. 1 BGB).

Die Auslegung nehmen Sie in der Regel im Rahmen der **Definition** des Merkmals vor. Es gilt: **Je geschickter Sie mit Hilfe der Auslegung definieren, umso leichter können sie subsumieren.**

Das Folgende ist mit wenig Aufwand zu lernen und zu verstehen und trotzdem das **absolut Wichtigste, was Sie für eine gelungene Klausur benötigen!** Mit der folgenden Technik können und müssen Sie **jeden (!) erdenklichen Fall lösen**. Insbesondere bei unbekannten Normen in Entdeckerklausuren kommt es entscheidend darauf an, dass Sie zeigen, dass Sie die Auslegung beherrschen. Aber auch bei Normbereichen, die zum Standardrepertoire gehören, zeichnet sich eine gute Klausurbearbeitung dadurch aus, dass Meinungsstreitigkeiten und Definitionen nicht wie ein auswendig gelerntes Gedicht abgespult, sondern anhand der Auslegungsmethoden auf den Einzelfall angepasst werden.

Grundlage der Auslegung von Rechtsnormen ist die **klassische Methodenlehre**, die auf Friedrich Carl **von Savigny (1779–1861)** zurückgeht. Nach der klassischen Methodenlehre erfolgt die Auslegung anhand folgender **vier Auslegungsmethoden**:

- **Wortlaut** (grammatikalische Auslegung)
- **Regelungszusammenhang** (systematische Auslegung)
- **Entstehungsgeschichte** (historische Auslegung)
- **Sinn und Zweck** (teleologische Auslegung)

Zudem müssen Normen möglichst so ausgelegt werden, dass sie mit **höherrangigem Recht** übereinstimmen.

Auch **Willenserklärungen** und die sich aus ihnen ergebenden **Verträge** müssen ausgelegt werden. Maßgeblich hierfür sind die **§§ 133, 157, 242 BGB**: Der wirkliche Wille des Erklärenden ist zu ermitteln, bei empfangsbedürftigen Willenserklärungen allerdings aus Sicht eines objektiven Empfängers. Die **folgenden Ausführungen** beziehen sich auf die **Auslegung von Gesetzen**. Die Auslegung von Willenserklärungen und Verträgen wird näher dargestellt in AS-Basiswissen BGB AT (2018), S. 26 und in AS-Skript BGB AT 1 (2017), Rn. 84 ff.

a) Wortlaut

Jede Auslegung beginnt beim Wortlaut des Wortes bzw. der Wörter und der ihnen innewohnenden **Bedeutung**.

Beispiel: Zu den „fliegenden Tieren" gehören auch Schmetterlinge. Insofern bezieht sich die Taubenfütterverordnung aus dem obigen Beispiel also auch auf Schmetterlinge.

Zu diesem Zweck kann man einen Begriff durch Aufzeigen der **höheren Gattung** und Hinzufügen des **artbildenden Unterschiedes** analysieren (vgl. oben die Beispiele zur Realdefinition). Zusammengesetzte Wörter können in ihre **Bestandteile** zerlegt werden.

Beispiel: „Heimtücke" =„Heim-Tücke", d.h. Heimlichkeit und Verschlagenheit;

Maßgeblich ist zunächst die Bedeutung in der deutschen Alltagssprache. Beachten Sie aber, dass die juristische Bedeutung eines Merkmals **von der Alltagssprache abweichen** kann.

Beispiele:

Wer sich eine Tüte Milch beim Nachbarn „leiht", der schließt keinen Leihvertrag i.S.d. § 598 BGB, sondern einen Sachdarlehensvertrag i.S.d. § 607 BGB ab, denn er muss nicht dieselbe, sondern nur eine gleiche Tüte Milch zurückgeben.

Eigentum und Besitz werden umgangssprachlich oft synonym verwendet, sie unterscheiden sich aber rechtlich, vgl. §§ 854 ff., 903 ff. BGB.

Es ist gut vertretbar (aber nicht gänzlich unumstritten), dass der Wortlaut **die äußerste Grenze der Auslegung** ist. Jede Auslegung, die über ihn hinausgeht, ist daher unzulässig.

Beispiel: Wenn die Taubenfütterverordnung nur das Füttern „fliegender Tiere" verbietet, dann ist das Füttern von streunenden Katzen und Hunden nicht verboten – ganz egal, wie stark das Verbot sich nach den übrigen Auslegungsmethoden auch auf diese Tiere erstrecken müsste.

b) Systematik

Das System der Rechtsnormen muss möglichst in sich geschlossen und **widerspruchsfrei** sein.

Das Gebot der Widerspruchsfreiheit gilt zunächst für Begriffe **innerhalb derselben Norm**, welche dementsprechend identisch definiert und ausgelegt werden müssen.

Beispiel: „Werkzeug" und „bei sich führt" in § 244 Abs. 1 Nr. 1 a StGB und in § 244 Abs. 1 Nr. 1 b StGB

Dabei sind in einer Rechtsnorm häufig **Ober- und Unterbegriffe** zu finden. Oberbegriffe sind übergeordnete Begriffszusammenfassungen, die eine Vielzahl von Fällen beinhalten können. Unterbegriffe sind Beispiele, die zu den übergeordneten Begriffen gehören. Der Gesetzgeber nutzt hier dieselbe Technik, die der Rechtsanwender bei der Bildung von Realdefinitionen (s.o.) verwendet.

Beispiele:

§ 833 S. 1 BGB „Tier" – § 833 S. 2 BGB „Haustier"

§ 244 Abs. 1 Nr. 1 a StGB „... eine Waffe oder ein anderes gefährliches Werkzeug bei sich führt" – „Waffe" ist Unterfall des Oberbegriffs „gefährliches Werkzeug", das ergibt sich aus der Formulierung „anderes".

Darüber hinaus gilt das Ziel der Widerspruchsfreiheit für sämtliche Vorschriften **im selben Gesetz**. Neben den amtlichen Überschriften jeder Norm ist dabei auch die amtliche Gliederung der Normen (Buch; Titel; Abschnitt) zu beachten.

Beispiele:

§ 133 BGB – Mit „wirklicher Wille" ist nicht der innere Wille des Erklärenden gemeint, sondern der vom Empfänger verstandene Wille. Es muss nämlich möglich sein, dass der innere Wille und das nach außen Erklärte auseinanderfallen, denn in diesen Fällen erlaubt § 119 Abs. 1 BGB die Anfechtung. Wäre stets der innere Wille für den Inhalt einer Willenserklärung maßgeblich, dann wäre § 119 Abs. 1 BGB überflüssig.

§ 326 BGB gilt nur für gegenseitige Verträge. Das steht zwar nicht in seinem Wortlaut oder in seiner amtlichen Überschrift, aber in der amtlichen Bezeichnung des „Titel 2", in welchen die §§ 320 bis 326 BGB eingeordnet sind.

Systematische Auslegung ist insbesondere auch möglich, wenn der auszulegende Begriff in einer ganz **anderen gesetzlichen Vorschrift** gebraucht wird und sein Inhalt dort definiert wird.

Beispiel: § 149 BGB oder auch § 37 Abs. 2 S. 1 VwVfG verlangen „unverzüglich", was in § 121 Abs. 1 BGB als „ohne schuldhaftes Zögern" definiert wird.

- Schlüsse aus anderen Vorschriften sind aber nur zulässig, wenn anzunehmen ist, dass der Begriff **an den verschiedenen Stellen dieselbe Bedeutung** hat. Das ist umso eher anzunehmen, je näher sich die beiden Stellen in der Gesamtsystematik liegen.

  Beispiel: „Waffe oder ein anderes gefährliches Werkzeug" oder „Werkzeug oder Mittel" oder „Mitglied einer Bande" in § 244 StGB und in § 250 StGB

- Ein Begriff kann nämlich auch **verschiedene Bedeutungen** haben, insbesondere wenn er in systematisch weit voneinander entfernten Gebieten verwendet wird.

  Beispiel: Eigentum im zivilrechtlichen Sinne kann nur an Sachen bestehen, vgl. §§ 903, 90 BGB. Die Eigentumsgarantie des Art. 14 Abs. 1 Var. 1 GG erfasst zusätzlich u.a. auch die Inhaberschaft einer Forderung.

Schließlich sind Normen mit **Grundsätzen** eher weit auszulegen und strahlen auf anderen Normen aus. **Ausnahmevorschriften** sind hingegen eher eng auszulegen. Teilweise stellt das Gesetz klar, ob eine Norm den Grundsatz oder die Ausnahme regelt (typische Formulierung: „gilt nicht, wenn", vgl. § 280 Abs. 1 S. 2 BGB). Mitunter müssen Sie das aber auch selbst ermitteln und mit einem Sachargument untermauern.

Beispiel: Es gilt das allgemeine Prinzip, dass die Stellung des Schuldners sich aufgrund der Abtretung nicht verschlechtern darf (vgl. § 404 BGB), denn – jetzt kommt das Sachargument – er hat auf die Vereinbarung der Abtretung keinen Einfluss (vgl. § 398 S. 1 BGB). Dieser Grundsatz ist bei der Auslegung der §§ 404 ff. BGB zu berücksichtigen. § 405 BGB durchbricht ausnahmsweise dieses Prinzip, er ist daher eng auszulegen.

c) Entstehungsgeschichte/Historie

Aus der Entstehungsgeschichte der Vorschrift ergibt sich der für die Auslegung wichtige **Wille des Gesetzgebers**. Der Rechtsanwender (also in der üblichen Klausur, in welcher Sie einen abgeschlossenen Sachverhalt beurteilen müssen: Sie) hat grundsätzlich nicht die Aufgabe, selber Recht nach seinem eigenen Willen zu setzen. Er darf nur dem abstrakt formulierten Gesetz für jeden Einzelfall entnehmen, wie der demokratisch legitimierte Gesetzgeber diesen Fall beurteilt hätte, wenn er ihm bekannt gewesen wäre.

Beispiel: Bei der Schaffung der §§ 145 ff., 125 ff. BGB Ende des 19. Jahrhunderts wollte der Gesetzgeber, dass grundsätzlich jede Willenserklärung verbindlich ist, gleich ob sie mündlich, per Brief, per Morsecode oder per berittenem Boten übermittelt wird. Daher sind auch Willenserklärungen per Telefax, E-Mail, SMS und Whatsapp verbindlich, obwohl diese Übertragungsformen erst wesentlich später erfunden wurden.

Quellen der historischen Auslegung sind die Dokumente des Gesetzgebungsverfahrens (insbesondere die Begründung des Gesetzesentwurfs) und die wirtschaftlichen und sozialen Verhältnisse im Zeitpunkt des Normerlasses.

Die historische Auslegung spielt in der Praxis eine wichtige Rolle. Auch in wissenschaftlichen Arbeiten, für die der Autor viel Zeit für Recherchen zur Verfügung hat (Hausarbeiten, Dissertationen) hat sie einen festen Platz. In einer zwei- oder fünfstündigen Klausur haben Sie diese Zeit jedoch nicht und niemand verlangt, dass Sie ganze Regalwände an Gesetzesdokumentationen auswendig kennen. Abgesehen von wenigen als bekannt vorausgesetzten Klassikern können Sie diese Auslegungsmethode **daher zugunsten der übrigen Methoden in den Hintergrund treten lassen**.

d) Sinn und Zweck / Teleos

Die Auslegung einer Norm nach ihrem Sinn und Zweck (Teleos/ratio legis) ist die **wichtigste Auslegungsmethode**. Sie sollten es sich daher zur Gewohnheit machen, bei jeder anzuwendenden Norm nach ihrer Funktion innerhalb der Rechtsordnung zu fragen. Dies ermöglicht Ihnen in der Klausur nicht nur, die Norm in Grenzfällen teleologisch auszulegen, sondern es erleichtert Ihnen zudem generell das Verständnis der Norm.

Beispiel: In § 1 der Taubenverordnung heißt es „Zweck dieser Verordnung ist der Schutz der Gebäude und Denkmäler vor Beschädigungen durch Tierausscheidungen." –
Nach Sinn und Zweck der Verordnung erfasst das Verbot dann solche Tiere nicht, die keine (nennenswerten) Ausscheidungen hinterlassen. Das Füttern einzelner Schmetterlinge ist daher nicht verboten.

aa) Ermittlung des abstrakten Normzwecks

Zunächst müssen Sie den **abstrakten Normzweck** bestimmen.

Beispiele:

Straftatbestände schützen Rechtsgüter, die §§ 223 ff. StGB z.B. die körperliche Unversehrtheit.

Formvorschriften bezwecken den Schutz vor Übereilung (z.B. §§ 311 b, 766 BGB) oder die Beweisbarkeit einer Erklärung (z.B. § 568 Abs. 1 BGB).

Maßgeblich ist auch der Zweck, der einem **Gesetzesabschnitt** oder sogar einem gesamten **Gesetz** zugrundeliegt. Eine **systematisch-teleologische Auslegung** ist also zulässig. Der Zweck wird mitunter zu Beginn des Gesetzes ausdrücklich genannt.

Beispiele:

Die §§ 987 ff. BGB schützen denjenigen, der eine fremde Sache zwar ohne Recht dazu besitzt, der dies aber nicht weiß und auch nicht auf Herausgabe verklagt ist.

Das SchwarzArbG bezweckt gemäß § 1 Abs. 1 SchwarzArbG die Intensivierung der Bekämpfung der Schwarzarbeit.

Bei der Ermittlung des Normzwecks helfen folgende **Fragen**:

- Welcher Ausschnitt aus der sozialen Wirklichkeit liegt der Norm zugrunde? (Bestimmung des **Normbereichs**)
- Wie hat der Gesetzgeber die **Interessen** der Beteiligten **bewertet**? Insbesondere: Welchen Interessen hat der Gesetzgeber den **Vorrang** eingeräumt?
- **Warum** hat der Gesetzgeber diese Bewertung vorgenommen?
- Ist diese Interessenbewertung durch den historischen Gesetzgeber angesichts der **gegenwärtigen** sozialen Wirklichkeit noch immer vernünftig? Wenn nein: Welche Interessenbewertung ist gegenwärtig sinnvoll?

bb) Wahrung des Normzwecks im konkreten Fall

Sodann müssen Sie die Interessenlage bzw. den Interessenkonflikt des konkret zu prüfenden Klausurfalles ermitteln und mit dem Normzweck **vergleichen**.

Jeder Fall weist Besonderheiten auf, daher sind die Interessenlagen allenfalls in eindeutig gelagerten Fällen identisch – deren Lösung ist aber zu einfach, daher werden sie nicht den Schwerpunkt Ihrer Klausur ausmachen. In der Klausur sammeln Sie Punkte dadurch, dass Sie Fälle mit (nur) **ähnlicher Interessenlage** (also Grenzfälle, s.o.: Ist ein Anhauchen mit Knoblauchfahne schon Körperverletzung?) bewerten und beurteilen, ob die **Abweichung** so **unwesentlich** bzw. so **wesentlich** ist, dass die Norm den zu beurteilenden Fall gerade noch bzw. nicht mehr erfasst.

Besondere Relevanz kommt dabei den **Folgen** zu, die die Bejahung bzw. Verneinung des Merkmals verursachen würde. Maßgeblich ist, ob diese Folgen nach dem abstrakten Zweck der Norm (nicht: nach Ihrer persönlichen Meinung) **erwünscht oder unerwünscht** sind.

Erwünschte Folgen liegen nahe, wenn eine bestimmte Auslegung

- sich sinnvoll in die **Systematik** des Gesetzes einpasst, eine eindeutige **Abgrenzung** verschiedener Tatbestände ermöglicht und so die **Rechtssicherheit** fördert,
- die **Anwendung** der Vorschrift **erleichtert**, indem sie Beweisschwierigkeiten vermeidet, den Prozess oder das Verwaltungsverfahren vereinfacht oder beschleunigt (**Praktikabilität, Prozessökonomie**),
- das **Insolvenzrisiko** angemessen zwischen den Beteiligten verteilt (**ökonomische Folgenbetrachtung**),
- den **Schutz sozial Schwächerer** gewährleistet (z.B. im Bereich des Verbraucherschutzes),
- die **optimale Ausnutzung** von Einrichtungen oder Kapazitäten ermöglicht oder
- **Grundrechte** verwirklicht bzw. einen umfassenden Schutz bestimmter **Rechtsgüter** ermöglicht.

Unerwünschte Folgen liegen nahe, wenn die Auslegung

- zu **zufälligen** oder sonst offenbar **untragbaren Ergebnissen** (argumentum ad absurdum) führt,
- **unerwünschte Nebenfolgen** hat, da sie anderen Zwecken oder Rechtsprinzipien zuwiderläuft, oder **ungerecht** ist, da sie den erstrebten Zweck **nur in einem Teil** der gleich liegenden Fälle verwirklichen kann,
- eine Norm **„leerlaufen"** oder in wesentlichen Fällen **unanwendbar** werden lässt oder
- zu **Beweisschwierigkeiten** führen kann (namentlich bei subjektiven Merkmalen wie dem Vorsatz).

e) Vereinbarkeit mit höherrangigem Recht

Normen müssen mit höherrangigem Recht vereinbar sein, anderenfalls sind sie **unwirksam** (vgl. ausdrücklich Art. 31 GG). Vorrangig vor dem gesamten einfachen Landes- und Bundesrecht sind insbesondere die **Grundrechte** nebst **Grundgesetz** und das **Europarecht**.

Die **Kompetenz**, ein Gesetz für unvereinbar mit höherrangigem Recht zu erklären, steht allerdings nur den wenigsten Stellen zu. Hinsichtlich der Verfassungswidrigkeit eines **formellen**, von der Legislative geschaffenen **Gesetzes** liegt sie etwa ausschließlich beim Bundesverfassungsgericht (vgl. Art. 93 GG). Alle anderen Gerichte dürfen diese Feststellung nicht treffen, sondern sie müssen ihr Verfahren aussetzen und das **Gesetz dem Bundesverfassungsgericht vorlegen** (vgl. Art. 100 GG).

Rein materielle Gesetze, die von der Exekutive geschaffen werden **(Verordnungen)**, darf zwar **jedes Gericht** für unvereinbar mit höherrangigem einfachen Recht erklären, aber Behörden haben diese Verwerfungskompetenz nicht.

Nun soll aber nicht jeder „kleine Zweifel" an einer solchen Unvereinbarkeit die nicht zur Verwerfung befugten Gerichte bzw. Behörden blockieren. Zudem soll eine Norm nicht generell für unwirksam erklärt werden, wenn sie nur in einem konkreten Fall zu einem mit höherrangigem Recht unvereinbaren Ergebnis führt. Es gilt daher das **Primat der Auslegung**. Der Normanwender, der in einem konkreten Fall Zweifel an der Vereinbarkeit der Norm mit höherrangigem Recht hat, ist gehalten, zunächst zu versuchen, diese Norm konform mit dem höherrangigem Recht auszulegen, insbesondere **verfassungskonform und europarechtskonform**. Wenn ihm dies gelingt, dann darf und muss er die Norm anwenden.

Beispiel: Die §§ 48, 49 ff. VwVfG regeln die Aufhebung von Verwaltungsakten. Sie sind mit dem Grundgesetz konform, verstoßen aber in bestimmten Fällen gegen die höherrangigen Art. 107 ff. AEUV. Die §§ 48, 49 ff. VwVfG sind deswegen aber nicht nichtig. Vielmehr werden sie in den Fällen der Art. 107 ff. AEUV europarechtskonform ausgelegt, sodass ihre Tatbestandsvoraussetzungen abgeschwächt werden. Im Übrigen werden sie unverändert angewendet.

Für Ihre Klausur ist das ganz entscheidend:

- Nur selten erstellen Sie Ihr **Gutachten aus Sicht einer Institution, die eine Norm verwerfen darf**. Nur dann dürfen Sie die Norm für nichtig erklären – Standardkonstellation in der Klausur ist die Verfassungsbeschwerde gegen ein formelles Gesetz.

- In den meisten Fällen haben Sie hingegen **keine Verwerfungskompetenz**. Dann müssen Sie die Norm mit dem Hinweis, dass Sie sie ohnehin nicht verwerfen dürften, konform mit dem höherrangigen Recht auslegen. Das ist auch **klausurtaktisch** am sinnvollsten, denn hierdurch können Sie **weiterprüfen**.

  Wenn Ihnen diese Auslegung nicht gelingt, dann dürften Sie in einer Klausur aus Sicht eines nicht verwerfungsbefugten Gerichts nicht weiterprüfen, sondern Sie müssten das Verfahren nach Art. 100 GG bzw. Art. 267 AEUV aussetzen und dem BVerfG bzw. dem Gerichtshof **vorlegen** – Dieses Ergebnis ist **vom Klausurersteller in aller Regel nicht gewollt**.

3. Lückenausfüllung

Ihnen werden immer wieder Fälle begegnen, die auch nach der (**vorrangig** vorzunehmenden) extensivsten **Auslegung** des Gesetzes nicht unter dieses subsumiert werden können. Das Gesetz hat eine **Regelungslücke**. Ihr Gefühl wird Ihnen sagen, dass es für den Fall aber irgendeine Regelung bzw. Lösung geben muss, und Sie werden sich fragen, ob Sie die Lücke anstelle des Gesetzgebers ausfüllen dürfen.

Grundsätzlich müssen Sie dieser Versuchung aber widerstehen. Denn Ihre Aufgabe in der Klausur ist es, **das Recht** als Gericht oder Behörde **anzuwenden** bzw. aus Anwaltssicht vorherzusagen, wie Exekutive und Judikative das Recht anwenden werden. Die **Rechtsetzung** obliegt hingegen alleine der Legislative. Die Ausfüllung einer Regelungslücke ist daher ein **Eingriff in die Gewaltenteilung** als unverrückbares Prinzip unserer Rechtsordnung (Art. 20 Abs. 3 u. 79 Abs. 3 GG). Sie muss daher die **absolute Ausnahme** sein und bedarf einer sorgfältigen Begründung.

Es gibt eine Reihe von Lückenausfüllungen, die (unstreitig oder zumindest von der h.M.) **anerkannt** sind. Diese sollten Sie, wie klassische Definitionen, **auswendig** kennen und in der Klausur auch bejahen. Im Übrigen sollten Sie im Einzelfall, wenn Ihr Rechtsgefühl Ihnen dies sagt, eine Lückenausfüllung zwar andenken und diskutieren, mit ihrer Bejahung aber wegen des absoluten Ausnahmecharakters sehr zurückhaltend sein.

Achtung, wie immer gilt, dass ein Auswendigkennen Sie nicht von der Pflicht zur **Prüfung und Begründung** entbindet. **Keinesfalls** dürfen Sie daher in der Klausur den Lückenschluss **voraussetzungslos** „einfach so" vornehmen, auch wenn Sie das immer wieder hören und lesen werden. Erfahrene Juristen behandeln nämlich oft Lückenschlüsse, die seit langem anerkannt sind, so, als wären sie Gesetz. In der Klausur müssen Sie aber auch bei anerkannten Lückenschlüssen zumindest kurz darlegen, dass die Voraussetzungen des Lückenschlusses – insbesondere der Analogie – vorliegen. Auch die Analogie hat einen **Tatbestand**, den es zu prüfen und zu bejahen gilt, bevor die Analogie ihre Rechtsfolge entfaltet.

Beispiel: Sie sollten nicht schreiben, dass die „Vormerkung analog § 401 BGB mit der Forderung übergeht."

Besser: „Der Wortlaut des § 401 BGB regelt den Übergang der Vormerkung nicht. Dieser ist auch nirgendwo anders geregelt, es liegt also eine Regelungslücke vor. Diese ist vom Gesetzgeber nicht gewollt und daher planwidrig. Ferner knüpft § 401 BGB den Übergang der akzessorischen Sicherheiten (Bürgschaft, Hypothek) an den Forderungsübergang. Auch die Vormerkung ist eine akzessorische Sicherheit, daher ist die Interessenlage in beiden Fällen vergleichbar. Die Vormerkung geht somit analog § 401 BGB mit der Forderung über."
Oder zumindest verkürzt: „Die Vormerkung ist ebenso wie die Bürgschaft und die Hypothek eine akzessorische Sicherheit, sodass aufgrund vergleichbarer Interessenlage die Vormerkung über den Wortlaut des § 401 BGB hinaus analog § 401 BGB mit der Forderung übergeht."

a) Analogie

Sie dürfen eine **Regelungslücke** ausnahmsweise schließen, indem sie die **Rechtsfolge einer Norm** greifen lassen, obwohl der zu beurteilende Sachverhalt den **Tatbestand der Norm** nicht erfüllt, soweit die Regelungslücke **planwidrig** und die Interessenlage in beiden Fällen **vergleichbar** ist. Die Rechtfertigung für diesen Eingriff in die Gewaltenteilung liegt darin begründet, dass Art. 3 Abs. 1 GG es gebietet, **wesentlich Gleiches rechtlich gleich zu behandeln**.

Im **Strafrecht** ist zu beachten, dass eine Strafbarkeit gesetzlich bestimmt sein muss, bevor die Tat begangen wird (**nulla poena sine lege**, vgl. Art. 103 Abs. 2 GG, § 1 StGB). **Täterbelastende** Analogien sind daher stets unzulässig, **täterbegünstigende** Analogien sind hingegen möglich.

Beispiel: Das Fahren mit Sommerreifen auf Schnee ist nach Maßgabe des § 2 Abs. 3 a S. 1 StVO unzulässig. Gleichwohl kann es keine Strafbarkeit nach § 315 c Abs. 1 Nr. 2 StGB begründen, da dieser Verkehrsverstoß dort nicht genannt und eine Analogie unzulässig ist.

Gegenbeispiel: Nach § 16 Abs. 1 S. 1 StGB wird nicht bestraft, wer einen Umstand nicht kennt, der zum Straftatbestand gehört. Nach h.M. wird analog § 16 Abs. 1 S. 1 StGB ferner derjenige nicht bestraft, der sich das Vorliegen von Umständen vorstellt, die zu einem Rechtfertigungsgrund gehören (sog. Erlaubnistatbestandsirrtum). Diese Analogie begünstigt den Täter, sie ist zulässig.

aa) Planwidrige Regelungslücke

Die Regelungslücke muss zunächst dem **Plan des Gesetzgebers zuwiderlaufen**.

- Die Planwidrigkeit kann **anfänglich** sein, insbesondere wenn der Gesetzgeber es damals schlichtweg **vergessen** hat, den in Rede stehenden Fall zu regeln, weil er ihn nicht im Fokus hatte. Die Planwidrigkeit kann auch erst **nachträglich** entstehen, wenn die tatsächlichen und gesellschaftlichen Verhältnisse sich wandeln. Allerdings müssen Sie dann sorgfältig prüfen, ob das allgemein formulierte Gesetz den Fall bereits direkt erfasst.

Beispiel: Der Gesetzgeber war so weise, die §§ 104 ff. BGB so zu formulieren, dass sie für alle Willenserklärungen gelten, gleich in welcher Form und mit welchem Medium sie erklärt werden. Daher gelten diese Normen ohne weiteres auch für SMS, E-Mails und Messenger-Dienste, und zwar direkt (nicht: analog).

- Eine Lücke ist auch dann in diesem Sinne planwidrig, wenn der Gesetzgeber sie **bewusst geplant** hat, insbesondere weil er **der Rechtsprechung und Praxis die Ausfüllung überlassen** hat.

  Beispiel: Schmerzensgeld muss nach § 253 Abs. 2 BGB „billig" (im Sinne von „gerecht") sein. Seine konkrete Höhe ist im Gesetz nicht festgelegt, sie soll von den Parteien im Einzelfall ausgehandelt und notfalls von den Gerichten festgelegt werden.

Keine planwidrige Lücke liegt vor, wenn der Gesetzgeber einen Fall absichtlich ungeregelt gelassen hat. Dieses **beredte Schweigen des Gesetzgebers** verlangt vom Rechtsanwender den Umkehrschluss, dass für nicht geregelte Fälle gerade nicht die Rechtsfolge der Norm gelten soll. Dann müssen Sie die Lücke akzeptieren, Sie dürfen sie nicht ausfüllen. Auch hier gilt aber, dass der Umkehrschluss kein Automatismus sein darf, sondern dass Sie ihn vielmehr mit einem Sachargument legitimieren müssen.

Beispiel: Nach § 45 VwGO ist das Verwaltungsgericht in erster Instanz sachlich zuständig. Es steht dort nicht ausdrücklich, aber der Gesetzgeber gibt damit zugleich zu erkennen, dass die Oberverwaltungsgerichte bzw. Verwaltungsgerichtshöfe sowie das Bundesverwaltungsgericht im Umkehrschluss nicht für die erste Instanz zuständig sind. Denn anderenfalls – jetzt kommt das Sachargument – wäre nicht eindeutig zu bestimmen, welches Gericht zuständig ist, was wiederum ein Verstoß gegen die Garantie des gesetzlichen Richters aus Art. 101 Abs. 1 S. 2 GG wäre.

bb) Vergleichbare Interessenlage hinsichtlich eines geregelten Falls

Sodann müssen Sie beurteilen, ob die **Interessenlage in einem gesetzlich geregelten und im von Ihnen zu beurteilenden Fall** vergleichbar ist.

„Vergleichbarkeit" ist dabei (wie so oft) **nicht im eigentlichen Wortsinne** zu verstehen, denn es kann letztlich alles mit allem verglichen werden. Die Frage ist dann nur, wie viele Gemeinsamkeiten und wie viele Unterschiede die beiden Vergleichsobjekte haben.

Entscheidend ist, ob die Interessen des Gesetzgebers bei Schaffung der Norm den Interessen der Personen im zu beurteilenden Fall **im**

Wesentlichen gleichen. Unwesentliche Unterschiede stehen einer Analogie nicht entgegen.

Beispiel: § 181 BGB soll den bzw. die Vertretenen im Wesentlichen davor schützen, dass der Vertreter zu seinem bzw. ihrem Nachteil handelt, indem er auf beiden Seiten des Rechtsgeschäfts steht.
In Konstellationen, in denen letztlich auf beiden Seiten dieselbe Person steht und daher derselbe Interessenkonflikt droht, besteht daher eine vergleichbare Interessenlage, wobei es unwesentlich ist, dass die Personenbeziehungen nicht der Beschreibung des Wortlauts entsprechen (Bsp.: Wenn § 181 BGB das Vertretergeschäft erfasst, dann ist analog § 181 BGB auch das Geschäft eines vom Vertreter bestellten Untervertreters mit dem Vertreter erfasst).
Demgegenüber besteht ein wesentlicher Unterschied, wenn zwar (irgend-)ein Interessenkonflikt vorliegt, aber dieser nicht durch ein Auftreten derselben Person auf beiden Seiten verursacht wird (Bsp.: § 181 BGB wird nicht analog angewendet, wenn der Vertreter sich gegenüber seinem Gläubiger im Namen des Vertretenen für eine Schuld des Vertreters verbürgt).

Sie prüfen also in **drei Schritten:**

- Ermittlung der **Interessen des Gesetzgebers** anhand der oben erörterten Auslegungsmethoden, insbesondere durch Bestimmung des Sinn und Zwecks der Norm,
- Ermittlung der **Interessen der beteiligten Personen** anhand einer umfänglichen und lebensnahen Bewertung des Sachverhalts und
- **wertender Vergleich** der beiden Interessenlagen.

Parallel zu dem oben erörterten Prinzip der eher engen Auslegung von Ausnahmevorschriften gilt, das **Ausnahmevorschriften eher nicht analogiefähig** sind. Auch sie können aber einer Analogie zugänglich sein, soweit die Interessenlagen nicht nur im Wesentlichen gleich, sondern letztlich identisch sind.

Beispiel: § 80 Abs. 2 Nr. 2 VwGO ist eine Ausnahmevorschrift zum Grundsatz des § 80 Abs. 1 VwGO. Die h.M. wendet sie gleichwohl analog auf Verkehrszeichen an, da diese dieselbe Funktion haben wie Anordnungen eines Polizeivollzugsbeamten.

Die gesetzliche Interessenlage und/oder die Rechtsfolge können Sie entweder einer einzelnen Norm **(Gesetzesanalogie)** oder mehreren Normen **(Rechtsanalogie/Gesamtanalogie)** entnehmen. Letztere lässt sich insbesondere dann konstruieren, wenn sich den Normen ein **allgemeiner Rechtsgedanke** entnehmen lässt.

Beispiel zur Rechtsanalogie/Gesamtanalogie: Die Störung (nur) bestimmter Rechtsgüter ist gemäß §§ 12, 862, 1004 BGB zu unterlassen bzw. zu beseitigen. Schadensersatz ist hingegen gemäß § 823 Abs. 1 BGB bei der Verletzung jedes absolut geschützten Rechtsguts zu leisten („sonstiges Recht eines anderen").

Es ist allgemeine Ansicht, dass aufgrund einer Gesamtanalogie zu diesen Vorschriften auch die Störung jedes absolut geschützten Rechtsguts zu unterlassen bzw. zu beseitigen ist.

b) Rechtsfortbildung

Es gibt Fälle, in denen eine ausfüllungsbedürftige Lücke des Gesetzes sich nicht durch analoge Anwendung von Vorschriften schließen lässt, weil es auch im Umfeld **zu ähnlichen Interessenlagen** schlicht **keine gesetzlichen Vorschriften** gibt. Dann kommt eine ergänzende Rechtsfortbildung aufgrund **allgemeiner gesetzlicher und rechtlicher Prinzipien** in Betracht. Der Übergang von der Rechtsanalogie zur Rechtsfortbildung ist dabei fließend.

Beispiele für anerkannte Rechtsfortbildungen: allgemeines Persönlichkeitsrecht, Vertrag mit Schutzwirkung zugunsten Dritter (str.), Verwirkung, Sicherungsübereignung, Drittschadensliquidation

Das gedankliche Vorgehen ist dabei ähnlich wie bei der Analogie: Es muss eine **Regelungslücke** vorliegen. Ob diese planwidrig ist, lässt sich oft auch durch – in der Klausursituation ohnehin nicht möglichen – intensivere Recherche nicht klären. Entscheidend und ausreichend ist daher, dass ein **faktisches Regelungsbedürfnis** für den nicht geregelten Bereich besteht.

Die Rechtsfortbildung ist in erster Linie **dem BGH vorbehalten** (vgl. § 132 Abs. 4 GVG). In einer Dissertation oder einem Aufsatz kann sie angeregt werden. In der **Klausur** (und auch in einer Hausarbeit) ist dies hingegen nicht Ihre Aufgabe. Hier genügt es, die allgemein anerkannten Rechtsfortbildungen zu kennen. Es ist sogar in der Regel – wenn nicht die Aufgabenstellung dies konkret verlangt – keine oder nur eine knappe Begründung erforderlich.

4. Teleologische Reduktion

Die teleologische Reduktion ist nach ihren Voraussetzungen und nach ihrer Rechtsfolge das **Gegenstück zur Analogie**. Sie führt im Einzelfall zur Einschränkung (Reduktion) einer an sich erfüllten Norm, weil der Sinn und Zweck (Telos) dieser Norm das gebietet. Auch hier liegt die Rechtfertigung für diesen Eingriff in die Legislative darin, dass Art. 3 Abs. 1 GG es gebietet, **wesentlich Ungleiches rechtlich ungleich zu behandeln**.

Tatbestandlich erfordert die teleologische Reduktion Folgendes:

- Eine **vorrangige Auslegung** muss ergeben, dass ein **planwidriger Regelungsüberschuss** vorliegt. Der Gesetzgeber muss unwissentlich die Norm so formuliert haben, dass ihr Tatbestand einen Fall erfasst, an welchen der Gesetzgeber nicht gedacht hat und den er nicht erfassen wollte. Gründe hierfür können abermals schlicht ein Redaktionsversehen oder ein Wandel der tatsächlichen Umstände und technischen Möglichkeiten sein.

Nach Sinn und Zweck (Telos) der Norm dürfen die **Interessenlagen** im konkret zu prüfenden Fall und in den übrigen von der Norm erfassten Fällen **nicht** im oben dargestellten Sinne **vergleichbar** sein, d.h. die Interessenlagen müssen sich wesentlich unterscheiden.

Rechtsfolge der teleologischen Reduktion ist, dass die Rechtsfolge einer Norm nicht greift, obwohl die Prüfung und Auslegung des Tatbestands dieser Norm ergeben hat, dass er erfüllt ist.

Beispiel: Nach dem Wortlaut des § 181 BGB ist ein Insichgeschäft nur dann sofort wirksam, soweit es dem Vertreter gestattet wurde oder soweit es lediglich in der Erfüllung einer Verbindlichkeit besteht. Daraus folgt im Umkehrschluss, dass alle anderen Insichgeschäfte schwebend unwirksam sein müssten.
Soweit aber ein Insichgeschäft dem Vertretenen lediglich einen rechtlichen Vorteil beschert, besteht kein Grund für eine schwebende Unwirksamkeit, denn Zweck des § 181 BGB ist der Schutz des Vertretenen vor Nachteilen, nicht aber vor Vorteilen. § 181 BGB ist daher teleologisch so zu reduzieren, dass seine Rechtsfolge lediglich rechtlich vorteilhafte Insichgeschäfte nicht erfasst. Der Vertreter kann also z.B. einen Schenkungsvertrag mit sich selbst für den Vertretenen wirksam abschließen.

Der **Übergang** von der **teleologischen Auslegung** der Tatbestandsmerkmale zur teleologischen Reduktion der Rechtsfolge ist dabei **fließend**. Sieht man den Wortlaut als Grenze der Auslegung an, so kommt die teleologische Reduktion insbesondere dann zum Zug, wenn sie dem Wortlaut der Norm zuwiderläuft.

Ferner sind **Analogie und teleologische Reduktion** regelmäßig austauschbar, denn es macht im Ergebnis keinen Unterschied, ob der Grundsatz teleologisch reduziert oder ob die Ausnahme mittels Analogie erweitert wird. Auch hier gilt, dass Sie bei Klassikern die übliche Einordnung kennen sollten und im Übrigen argumentativ zwar frei sind, sich aber angesichts des Ausnahmecharakters beider Rechtsinstitute zurückhalten sollten.

Beispiel: Üblicherweise wird hinsichtlich lediglich rechtlich vorteilhafter Rechtsgeschäfte der Grundsatz der Unwirksamkeit von Insichgeschäften (§ 181 BGB) teleologisch reduziert, s.o. Es wäre aber nicht unvertretbar, zum selben Ergebnis durch analoge Anwendung der Ausnahmen (Gestattung; Erfüllung einer Verbindlichkeit) zu kommen.

5. Meinungsstreitigkeiten

Immer wieder werden Sie lesen oder hören, dass etwas „strittig" oder „umstritten" ist. Das bedeutet, dass mehr oder weniger namhafte Juristen – obere Gerichte und die Autoren von Lehrbüchern, Kommentaren sowie Aufsätzen – eine **Rechtsfrage unterschiedlich beurteilen**. Das ist insbesondere bei neueren oder zentralen Normen der Fall und eine normale Folge des Umstands, dass der Gesetzgeber nie alle Fälle im Vorfeld bedenken und regeln kann, die dem Rechtsanwender später begegnen.

Beispiel: Nach e.A. berechtigt jede arglistige Täuschung zur Anfechtung nach § 123 Abs. 1 Var. 1 BGB, also auch eine solche, die von der Rechtsordnung erlaubt wird. Nach h.M. ist es aber geboten, das Anfechtungsrecht auf die Fälle zu beschränken, in welchen die Täuschung widerrechtlich ist.

In der **Praxis** spielen Streitigkeiten in aller Regel spätestens dann keine Rolle mehr, wenn letztinstanzlich über sie entschieden wurde. In der **Klausur**, in welcher Sie ein **wissenschaftliches Gutachten** erstellen sollen, müssen Sie hingegen zumindest auch solche Fragen als streitig behandeln, die erst seit kurzem letztinstanzlich geklärt wurden oder bei denen namhafte Autoren in jüngerer Zeit die letztinstanzliche Klärung als nicht überzeugend ablehnen.

Beispiel: Die Behandlung des Erlaubnistatbestandsirrtums ist vom BGH für die Praxis seit Langem geklärt, zählt aber sowohl in Semesterabschluss- als auch in Examensklausuren nach wie vor zu einem der Streitklassiker des Strafrechts.

Die Streiterei ist dabei keinesfalls ein bloßes Mittel, um Jurastudenten das Leben schwer zu machen. Sie **dient der Fortbildung des Rechts**. Immer wieder führt die Kritik an obergerichtlichen Urteilen dazu, dass später entweder das Gericht selbst seine Rechtsprechung ändert, oder dass der Gesetzgeber das Gesetz so ändert, dass die bisherige Linie der Rechtsprechung nicht mehr zulässig ist. Sie sollen diese Kritikfähigkeit im Studium erlernen, damit Sie später – in Amt und Würden – Rechtsfortbildungen mitgestalten können.

Die Produkte von **Alpmann Schmidt** werden laufend aktualisiert und dabei darauf überprüft, ob eine bisher bestehende Streitfrage auch für die Klausur als inzwischen unstreitig angesehen werden kann, etwa weil alle Gerichte und Autoren sich einer Meinung angeschlossen haben.

Ausführliche Beispiele zur konkreten Formulierungen eines Meinungsstreits im Gutachten finden Sie unten im 9. Schritt. An dieser Stelle folgt zunächst das im 6. Schritt gedanklich Relevante.

a) Einordnung in die übliche Methodik

Methodisch betrachtet rührt ein Meinungsstreit daher, dass die Rechtsanwender bei der abstrakten **Auslegung und Definition** oder (seltener) bei der konkreten **Subsumtion** verschiedene Ergebnisse erzielen.

Allerdings müssen Sie darauf achten, dass es **nicht** umstritten sein kann, wie in dem **von Ihnen zu lösenden Klausurfall** subsumiert werden muss, denn dieser konkrete Fall ist den anderen Rechtsanwendern noch gar nicht bekannt. Allenfalls kann in **vergleichbaren Fällen** ein Meinungsstreit bestehen.

Beispiel zur Definition: Es ist umstritten, ob die abstrakte Definition des (Handels-)Gewerbes i.S.d. § 1 Abs. 1 HGB auch erfordert, dass die Tätigkeit auf Gewinnerzielung ausgerichtet ist.

Beispiel zur Subsumtion vergleichbarer Fälle: K kauft von V privat einen gebrauchten Pkw, ohne sich die Zulassungsbescheinigung Teil II (Fahrzeugbrief) zeigen zu lassen. Der Pkw gehört E, trotzdem übereignet V an K (bzw. V versucht dies zumindest).
Gemäß § 932 Abs. 1 S. 1 BGB erwirbt K dann kein Eigentum von V, wenn er hinsichtlich der Eigentumslage bösgläubig war. Das setzt gemäß § 932 Abs. 2 BGB voraus, dass K die wahre Eigentumslage kannte oder grob fahrlässig nicht kannte.
In diesem Zusammenhang heißt es oft, es sei umstritten, ob Bösgläubigkeit bestehe, wenn der Käufer eines gebrauchten Pkw von privat sich den Fahrzeugbrief nicht zeigen lasse. Gemeint ist damit, dass in ähnlichen Fällen von manchen die Bösgläubigkeit bejaht und von anderen verneint wurde. Das liegt aber daran, dass jeder Fall anders und individuell zu beurteilen ist. Daher müssen Sie konkret im vorliegenden Fall schauen, welche Anhaltspunkte für und gegen eine Bösgläubigkeit sprechen. Die unterlassene Anforderung des Fahrzeugbriefs spricht sicherlich tendenziell für Bösgläubigkeit.
Aus anderen Umständen kann sich aber dennoch eine Gutgläubigkeit ergeben, z.B. wenn K von der Kfz-Zulassungsstelle irrtümlich die telefonische Auskunft erhalten hatte, dass V seit ein paar Tagen Eigentümer des Pkw sei und dass der Fahrzeugbrief wegen eines defekten Druckers noch nicht geändert worden sei.

Die Verortung der Streitigkeit im üblichen Prüfungsablauf ist **ganz wichtig:** Die Darstellung und Lösung eines Meinungsstreits müssen Sie in Ihrer Klausur **innerhalb der Definition bzw. Auslegung oder Subsumtion** vornehmen. Dabei benutzen Sie dann die üblichen, oben dargestellten Arbeitstechniken. Insofern ist der **Übergang von einer zwar anspruchsvollen, aber unstreitigen Gesetzesauslegung zu einem „echten" Meinungsstreit fließend**.

Es ist ein immer wieder zu beobachtender, **grober Fehler**, dass sämtliche methodische Grundfähigkeiten auch guter Studenten restlos verschwinden, sobald in der Klausur ein Meinungsstreit auftaucht. Stattdessen werden dann auswendig gelernte Lehrbuchpassagen ohne Fallbezug heruntergespult. Das **müssen Sie unbedingt vermeiden!**

Beispiel: Wenn sich die Frage stellt, ob nach § 816 Abs. 1 S. 1 BGB auch ein erzielter Gewinn herauszugeben ist, dann denken (und später: schreiben) Sie also bitte keinesfalls „Bei § 816 BGB ist umstritten, ob ein erzielter Gewinn herauszugeben ist.". –

Methodisch sauber ist folgender Gedankengang: „Nach dem Wortlaut des § 816 Abs. 1 S. 1 BGB ist das ‚Erlangte' herauszugeben. ‚Erlangtes' wird definiert als jede vermögenswerte Position. Zweifelhaft ist, ob auch ein erzielter Gewinn hierzu zählt. Dafür spricht ... ."

b) Prüfungsschritte

Sobald Sie beim Durchlösen eines Falls auf eine umstrittene Rechtsfrage stoßen, müssen Sie sich **zwei Fragen** stellen:

- **Kommt es auf den Streit überhaupt an**, ist es also **für den Fortgang der Lösung überhaupt relevant**, welcher Ansicht man sich anschließt? Auch hier gilt die bereits erwähnte Regel, dass auch per se korrekte Ausführungen zu Punktabzug führen, wenn sie keinen Bezug zur Aufgabenstellung haben. Oft ist es nämlich so, dass (selbst) in einer (fünfstündigen Examens-)Klausur allenfalls eine Handvoll Streitigkeiten zu entscheiden sind, während ein vielfaches von Ihnen offenbleiben kann.

  Die Relevanz des Streits ermitteln Sie, indem Sie den Klausurfall **unter alle Ansichten subsumieren**. Soweit (!) die Ansichten zum selben Ergebnis kommen, verbietet es sich, den Streit zu entscheiden.

  Beispiel: Wenn 144 Personen demonstrieren oder gemeinsam Straftaten begehen, dann spielt es keine Rolle ob eine Versammlung bzw. eine Bande ab zwei, drei oder sieben Leuten anzunehmen ist. Treten hingegen vier Personen auf, so müssen Sie nur eine Entscheidung für oder gegen die Ansicht „sieben" treffen, weil die Ansichten „zwei" und „drei" zum selben Ergebnis kommen.

- Soweit (!) es auf den Streit ankommt: **Welcher Ansicht soll gefolgt werden?** Bereits im zweiten Arbeitsbereich müssen Sie dies festlegen, um Ihre weitere Lösung auf dieser Weichenstellung aufbauend zu durchdenken. Es sei nochmals darauf hingewiesen, dass prinzipiell nicht entscheidend ist, ob Sie sich der sog. herrschenden Meinung oder einer anderen Ansicht anschließen, sondern nur, ob Sie Ihre Lösung gut begründen. **Klausurtaktisch** ist es aber in der Regel ratsam, der herrschenden Meinung zu folgen, weil die vom Klausurersteller erdachte Kettenreaktion aus Dominosteinen in der Regel auf der herrschenden Meinung basiert.

  Auch sollten Sie bereits jetzt die **wesentlichen Argumente** parat haben, denn Sie werden diese später bei der Niederschrift des Gutachtens darlegen müssen. Sie haben hierfür – wie auch bei den Definitionen – **drei Quellen:**

1. Mit steigender Semesterzahl werden Sie immer mehr Argumente **auswendig** wissen, gerade bei **klassischen Streitigkeiten**. Je klassischer ein Streit, umso mehr wird erwartet, dass Sie (auch) die gängigen Argumente bringen.

2. Auf jeden Fall sollten Sie die Argumente diskutieren, die **konkret im Sachverhalt vorgegeben** werden, denn der Aufgabensteller erwartet auch dies von Ihnen.

   Beispiel: Wenn eine Person sagt, „niemand hat das kommen sehen", dann sollten Sie diskutieren, ob die Unvorhersehbarkeit eines Ereignisses ein taugliches Argument für den Streit ist.

3. Sie können **selbst entwickelte** Argumente anführen, insbesondere, wenn die beiden erstgenannten Quellen nicht sehr ergiebig sind. Je exotischer ein Streit, umso eher wird erwartet und besonders honoriert, wenn Sie zeigen, dass Sie selbst aus dem Stand Argumente entwickeln können. Ferner sind die klassischen Argumente oft genereller Natur, während Ihre eigenen Argumente die Besonderheiten des konkreten Falls berücksichtigen können. Die Mischung macht's.

D. Anfertigung einer Lösungsskizze (7. Schritt)

Sie können sich die erdachte Lösung nicht auswendig merken, dazu ist sie zu **komplex** und zu **lang**. Das gilt für eine Semesterabschlussklausur, und erst recht für eine fünfstündige Examensklausur. Als **Bindeglied zwischen der gedanklichen Arbeit und ihrer Verschriftlichung** müssen Sie daher eine Lösungsskizze zu Papier bringen.

Ferner sollten Sie in aller Regel im 9. Schritt das **Gutachten in einem Guss herunterschreiben** und sich dabei auf die sprachliche Darstellung anstatt auf die rechtliche Lösung konzentrieren. Daher muss Ihre Lösung **eindeutig feststehen, bevor Sie mit dem Gutachten beginnen**. Es wird ausdrücklich davor gewarnt, Punkte in Schritt 6. und 7. offenzulassen, um diese dann „spontan" im 9. Schritt zu lösen! Sie müssen lernen und üben, sich **bei der Erstellung der Lösungsskizze zügig zu entscheiden** und dieser Entscheidung dann **bei der Abfassung des Gutachtens zu vertrauen**. Hinzu kommt, dass Ihr Gehirn zu Beginn der Bearbeitungszeit leistungsfähiger als zum Ende hin ist, sodass späte umfangreiche rechtliche Gedankengänge fehleranfälliger sind.

Die Skizze hat den einzigen Zweck, Ihnen selbst als **Regieanweisung** und **Gedächtnisstütze** zu dienen, und auch nur **bis zum**

Ende der Bearbeitungszeit. Investieren Sie also **nicht unnötig Zeit** in das Erscheinungsbild der Skizze. Es ist weder erforderlich, dass irgendjemand sonst die Skizze versteht, noch dass Sie die Skizze am nächsten Tag noch verstehen. Verwenden Sie Ihre Zeit lieber auf das Denken (6. Schritt) und das Gutachten (9. Schritt).

Zwar sollten Sie die Skizze **mit** dem Gutachten zusammen **abgeben**, insbesondere wenn das Gutachten einmal nicht fertig wird. Manche Prüfer schauen dann nämlich in die Skizze und mildern eventuell die negative Bewertung etwas ab. Das ist aber nicht zwingend. Daher ist es viel wichtiger, ein abgeschlossenes Gutachten abzugeben als eine für jedermann verständliche Skizze.

Für den **6. und 7. Schritt** gilt in besonderem Maße, dass Sie mit zunehmender Übung **ineinander übergehen**. Die Lösung lässt sich besser durchdenken, wenn man Zwischenstufen des Denkprozesses skizziert und sich dadurch visualisiert. Das entlastet das Gehirn. Probieren Sie aus, welche konkrete Herangehensweise Ihnen am besten liegt.

Sie können **beispielsweise** ein immer feineres „Lösungsnetz" weben, indem Sie zunächst mit viel Abstand die einzelnen Anspruchsgrundlagen/Straftatbestände notieren, diese sodann um die einzelnen Merkmale ergänzen und schließlich Stichworte zu Problemen/Subsumtionen usw. ergänzen. Und/oder Sie können zunächst eine Norm komplett durchdenken, sodann die Skizze zu dieser Norm komplett erstellen und dann die nächste Norm durchdenken.

I. Inhalt und Gestaltung

Dem Zweck der Skizze entsprechend sollten Sie insbesondere:

- möglichst viele **Abkürzungen verwenden**, die Sie verstehen,

  Beispiele: „ETI" statt „Erlaubnistatbestandsirrtum"; „örS nvA" statt „öffentlich-rechtliche Streitigkeit nichtverfassungsrechtlicher Art"

- **Symbole** wie in der Sachverhaltsskizze (2. Schritt) verwenden,

- **Zwischenergebnisse und Ergebnisse** festhalten, um den Überblick zu erleichtern,

  Beispiele: „(+)", „(-)", „(+) i.H.v. 500 €, i.Ü. (-)"

- **Probleme**, die im Gutachten ausführlich angesprochen werden sollen, **hervorheben** und ggf. Eindeutiges einklammern,

  Beispiele: Zuordnung einer Ziffer auf einer „Problemskala" von 1-5; farblich markieren/unterstreichen; mehr Platz bis zum nächsten Merkmal lassen

- den **Sachverhalt** in Stichworten notieren, insbesondere bei problematischen Subsumtionen und

  Beispiel: „Fahrlässigkeit (+), auf Handy geguckt, Musik gehört"

- ggf. **Definitionen** und **Argumente** in Stichworten notieren, aber unter ganz besonderer Beachtung der Erforderlichkeit und des Zwecks der Skizze. Anders als der Sachverhalt werden viele Definitionen und Argumente in Ihrem Langzeitgedächtnis verankert sein. Wenn Sie diese bei Erstellung der Skizze kennen, dann stehen die Chancen gut, dass Sie sich auch noch bei Abfassung des Gutachtens an sie erinnern werden. Konzentrieren Sie sich hier also auf exotische oder selbst hergeleitete Definitionen sowie auf Argumente, die nicht abstrakte und allgemein bekannte Klassiker sind, sondern die Sie zum konkreten Fall entwickelt haben.

II. Ideenzettel auswerten

Ferner müssen Sie an dieser Stelle Ihren Ideenzettel auswerten. Entscheiden Sie zu jeder einzelnen Idee, ob Sie sie **als unpassend verwerfen**, oder ob und wo Sie sie **in der Lösung unterbringen** wollen.

III. Gliederung der Lösung

Das Durchlösen des Falls in Schritt 6 geschieht nicht in einer monotonen Kette, bei der jeder Gedanke auf derselben Stufe steht. Sie **tauchen** in Ihrer Lösung vielmehr an den verschiedenen Stellen **verschieden tief in Ihre Gedankenstruktur hinein**.

Diese Denkweise müssen Sie in Ihrer Lösungsskizze abbilden, um auch sie später in das Gutachten zu übernehmen. Dies tun Sie, indem Sie Ihre Gedanken **auf mehreren Ebenen gliedern** (also nicht stumpf alle Prüfungspunkte nacheinander von 1 bis 168 durchnummerieren). Die Gliederungsstruktur Ihrer Lösungsskizze muss insofern ähnlich aussehen wie etwa die Gliederung eines Skripts bzw. Lehrbuchs oder eines komplexen Gesetzes – sehen Sie sich einmal die amtliche Inhaltsübersicht des BGB an.

Durch eine ansprechende Gliederung fällt es Ihnen wesentlich leichter, Ihre **Gedankengänge zu entwickeln**. Ferner erleichtern Sie es dem Prüfer massiv, Ihren **Gedankengängen zu folgen**. Das liegt auch daran, dass das menschliche Gehirn regelmäßig höchstens sieben gleichrangige Punkte erfassen kann.

Dieser Umstand ist übrigens auch beim **Erlernen von Wissen** wichtig. Sie sollten sich längere Aufbauschemata sowie umfangreiche Fallgruppen und Problemfelder einer Norm (z.B. zu § 242 BGB oder zum Allgemeinen Persönlichkeitsrecht) möglich in mehrere Ebenen einteilen und merken.

Damit Sie die Gliederung aus Ihrer Lösungsskizze ohne Veränderungen im Gutachten verwenden können, sollten Sie bereits in der Skizze die **üblichen Gliederungstechniken** verwenden.

1. Gliederungspunkte und -ebenen

Die **Benennung der Gliederungspunkte** erfolgt mit Buchstaben sowie römischen und arabischen Ziffern. Sie steigern die Übersichtlichkeit, wenn Sie die Gliederungspunkte in Ihrer Lösungsskizze entsprechend der Gliederungsebene einrücken. Üblich ist folgende Reihenfolge, welche zu **acht Gliederungsebenen** führt:

A.
  I.
    1.
      a)
        aa)
          (1)
            (a)
              (aa)

Weitere tiefere Ebene können Sie durch griechische Buchstaben (alpha, beta, gamma, ...) oder eckige Klammern erzeugen. **Weitere höhere Ebenen** können Sie mit „1. Teil" und „1. Abschnitt" kennzeichnen, insbesondere im Strafrecht. Seien Sie mit weiteren Ebenen jedoch eher **zurückhaltend**, denn ein Klausurfall (zum Semesterende, aber auch im Examen) ist selten so kompliziert, dass Sie derart viele Gliederungsebenen benötigen. Sie können daher ein Indiz dafür sein, dass Ihr Lösungsweg zu kompliziert und falsch ist.

Zu viele Gliederungspunkte und -ebenen schaden zudem der **Übersichtlichkeit** nämlich genauso wie zu wenige. Sie müssen vielmehr ein **gesundes Mittelmaß** finden. Hierbei sind folgende **Richtlinien** hilfreich:

- In der Regel sollten Sie **pro Tatbestandsmerkmal einen Gliederungspunkt** setzen. Gänzlich unproblematische Merkmale sollten Sie allerdings unter einem Gliederungspunkt gemeinsam abhandeln. Sie sollten hingegen einzelne Merkmale weiter untergliedern, wenn diese im konkreten Fall problembehaftet und ausführlich darzustellen sind oder wenn sie üblicherweise untergliedert werden und im konkreten Fall nicht gänzlich unproblematisch sind.

Beispiele:

„3. Rechtswidrigkeit, Schuld (+)"

„a) zu ersetzender Schaden; aa) Hose; bb) Arztkosten; cc) Schmerzensgeld"

„2. subjektiver Tatbestand; a) Vorsatz; b) Zueignungsabsicht"

- **Innerhalb** eines **Gedankengangs** oder einer **Argumentation** sollten Sie hingegen keine Gliederungspunkte setzen, auch wenn Sie absehen können, dass die Ausführungen hierzu sehr lang werden. In einer Hausarbeit oder Dissertation mit 25 Argumenten kann das sinnvoll sein, aber bei einer Handvoll Argumente in einer Klausur wirkt das leicht übertrieben. Benutzen Sie hingegen schlicht **Aufzählungszeichen** („Bulletpoints"), um die einzelnen Argumente aufzuführen.

  Im **Gutachten** grenzen Sie dann die Argumente durch **Absätze** voneinander optisch ab, dazu mehr im dritten Arbeitsschritt.

2. Logische Zuweisung der Gliederungsebene

Logisch gleichstufige Prüfungspunkte müssen Sie gleichstufigen Gliederungspunkten zuordnen. **Logisch nachrangige Prüfungspunkte** müssen Sie Gliederungspunkten in der nächst-unteren Stufe zuordnen. So wird deutlich, dass zwischen den gleichrangigen Prüfungspunkten kein Rangverhältnis besteht und dass sie die Begründung für die Bejahung/Verneinung des übergeordneten Prüfungspunktes liefern.

Beispiel: „1. objektiver Tatbestand [§ 242 StGB], a) Sache, b) beweglich, c) fremd, d) Wegnahme"

Manche ordnen **Ergebnissen** und **Zwischenergebnissen** eigene Gliederungsziffern nach dem letzten Tatbestandsmerkmal zu. Davon sei Ihnen aber eher abgeraten, denn das Ergebnis steht denklogisch im Rang nicht unter der geprüften Norm, sondern im gleichen Rang. Zudem ist es der Übersicht bei Tatbeständen mit vielen Merkmalen mitunter sogar abträglich, wenn Sie das Ergebnis in einem Gliederungspunkt mit hoher Ziffer verstecken.

Beispiel:
Also besser nicht
„1. § 823 Abs. 1
...
f) Verschulden
g) Erg: § 823 Abs. 1 (+)"
sondern
„f) Verschulden
Erg: § 823 Abs. 1 (+)"

Ferner gilt, dass in jeder Gliederungsebene **mindestens zwei Gliederungspunkte** enthalten sein müssen. **Wer A sagt, muss auch B sagen**. Wenn Sie nur einen Gliederungspunkt besetzen können, dann sollten Sie diese Gliederungsebene streichen und den Gliederungspunkt in die nächsthöhere Ebene einordnen. Dadurch sorgen Sie zugleich dafür, dass Sie sich im dritten Arbeitsbereich unnötige Schreibarbeit und Lehrfloskeln sparen.

Beispiel: Wenn Sie mehrere Rechtfertigungsgründe ansprechen wollen, dann können Sie gliedern „3. Rechtswidrigkeit, a) § 32 StGB, b) § 34 StGB, c)...". Wenn Sie hingegen nur einen Rechtfertigungsgrund ansprechen wollen, dann gliedern Sie schlicht „3. Rechtswidrigkeit: § 32 StGB". Automatisch werden Sie dann im Gutachten schreiben „3. Die Tat könnte gemäß § 32 StGB gerechtfertigt sein.", anstatt eines unbeholfenen „3. Die Tat könnte gerechtfertigt sein. a) Die Tat könnte gemäß § 32 StGB gerechtfertigt sein."

Sie sollten gerade in dieser Konstellation darauf **verzichten**, dem **Ergebnis** einen eigenen **Gliederungspunkt** zuzuweisen, um einen zweiten Gliederungspunkt zu konstruieren. „3. Rechtswidrigkeit, a) § 32 StGB, b) Ergebnis" wirkt äußerst unbeholfen und verursacht zudem noch mehr Schreibarbeit.

E. Die Lösungskontrolle (8. Schritt)

Ebenso, wie Sie im 3. Schritt die Sachverhaltserfassung zum Ende kontrolliert haben, müssen Sie nun mit **drei Kontrollfragen** Ihre **rechtliche Lösung** kontrollieren, bevor Sie sie zu Papier bringen.

I. Kontrollieren auf Vollständigkeit

Alle **rechtlich bedeutsamen Sachverhaltsumstände** müssen Sie an mindestens einer Stelle subsumiert haben. Sie müssen sich fragen: „Habe ich alles verarbeitet?"

II. Kontrollieren auf Plausibilität und Vertretbarkeit

Ihre Lösung muss **frei von Widersprüchen** sein. Dazu gehört auch, dass Ihre Lösung **nicht jedem Gerechtigkeitsempfinden widersprechen** darf. Man sagt zwar gelegentlich etwas überzeichnet, Recht und Gerechtigkeit seien nicht immer dasselbe, und tatsächlich gibt es gelegentlich Abweichungen zwischen der Rechtslage und dem mehrheitlichen Gerechtigkeitsempfinden. Aber ein diametraler Gegensatz ist dann doch die absolute Ausnahme, sodass er ein gewichtiges Indiz dafür ist, dass Ihre Lösung rechtlich nicht plausibel (oder unvollständig, s. I.) ist. Sie müssen sich fragen: „Ist die Lösung so plausibel und vertretbar?"

III. Kontrollieren auf Überzeugungskraft

Weitergehend sollte Ihre Lösung zumindest nach Ihrem Dafürhalten die **überzeugendste** sein, denn dann können Sie sie bestmöglich **argumentativ begründen und vertreten**. Dazu gehört auch, dass Ihre Lösung die **üblichen Prüfungsreihenfolgen** einhalten und in der Regel der **herrschenden Meinung** folgen sollte. Insofern gilt das **Teflonprinzip:** Kritik muss an der Lösung sofort abperlen. Sie müssen sich fragen: „Wird das den rechtssuchenden Bürger und den Prüfer überzeugen?"

F. Besondere Situationen

I. Schwerpunktbildung

Eine gute Klausurbearbeitung zeichnet sich dadurch aus, dass sie den Klausurfall **zwar vollständig, aber in unterschiedlicher Tiefe und Ausführlichkeit** durchlöst. Sie dürfen keinesfalls sämtliche Normen und Tatbestandsmerkmale in der gleichen epischen Breite darstellen. Dazu haben Sie **weder die Zeit, noch ist es Ihre Aufgabe**, einen lehrbuchähnlichen, sämtliches Wissen enthaltenden Text zu verfassen. Vielmehr gilt das **Notwendigkeitsprinzip**, d.h. dass das Gutachten die aufgeworfenen Rechtsfragen ausschöpfen soll, dabei aber auch in seiner Tiefe nur die zur Beantwortung notwendigen Ausführungen machen darf.

Insofern müssen Sie sich einer großen **Gefahr** der bereits oben erwähnten **Prüfungsschemata** bewusst sein. Sie beinhalten abstrakt-generelle Prüfungsroutinen und sind auf Vollständigkeit ausgelegt. Daher versteht es sich von selbst, dass in Ihnen alle Prüfungspunkte gleichwertig und ohne konkret-fallbezogene Schwerpunktbildung enthalten sind.

Sie müssen **bereits im zweiten Arbeitsbereich**, der gedanklichen Begutachtung, festlegen, an welchen Stellen Ihre Klausurbearbeitung Schwerpunkte setzen und an welchen sie besonders kurz ausfallen soll. Sie haben später im dritten Arbeitsbereich nicht die Zeit, sich dies für jeden Prüfungspunkt einzeln zu überlegen. Ferner müssen Sie schon bei Beginn der Niederschrift des Gutachtens überblicken können, welcher Bereich sie wie viel Zeit kosten wird.

1. Ermittlung der Problembereiche und Schwerpunkte

Wichtigstes Werkzeug bei der Schwerpunktermittlung ist ein gut geschultes **Problembewusstsein und -gespür**, denn Schwerpunkte müssen dort gesetzt werden, wo Probleme liegen. Das beherrscht kaum jemand zu Beginn des Studiums. Sie müssen es daher **einüben und trainieren**. Dies ist einer der Hauptgründe für die eingangs geäußerte Empfehlung, während des gesamten Studiums fortlaufend Fälle zu lösen.

Einerseits gilt es, **nicht zu flüchtig und oberflächlich** zu arbeiten, denn dann übergehen Sie Probleme, deren Behandlung vom Aufgabensteller erwartet wird. Das wiegt dann besonders schwer, weil es für die Problemerkennung und -lösung besonders viele Punkte gibt. Andererseits dürfen Sie **nicht zu misstrauisch und pedantisch** auf die Problemsuche gehen und hinter jedem Satz das „Problem des Jahrhunderts" vermuten, denn dann kommen Sie mit der Zeit nicht hin. In beiden Extremfällen wird man Ihnen fehlende Schwerpunktbildung vorwerfen, denn diese lebt von der Abwechslung zwischen Problemen und Eindeutigem. In Zweifelsfällen sollten Sie aber lieber ein Problem mehr als eins zu wenig ansprechen. Anders als im wahren Leben gilt für die Klausur, dass Sie zunächst **Probleme schaffen und nicht wegschaffen** müssen.

a) Generelle Regeln

Eine **ausführliche** Darstellung ist geboten bei

- besonders **umstrittenen oder problematischen Prüfungspunkten**,
- bei **Abweichungen von der h.M.** und
- bei Vorschriften mit **einschneidenden Rechtsfolgen**.

  Beispiel: Verbrechen (Mindestfreiheitsstrafe ein Jahr, vgl. § 12 Abs. 1 StGB)

Tendenziell und vorbehaltlich der Besonderheiten des Einzelfalls werden **knapper** behandelt:

- **unstreitige und zugleich unproblematische Prüfungspunkte**,
- Vorschriften, deren Voraussetzungen **verneint** werden sowie
- Vorschriften, die aus Konkurrenzgründen ohnehin **zurücktreten**, die eine bereits gefundene Rechtsfolge nur **bestätigen** oder deren Rechtsfolge **kaum ins Gewicht fällt**.

  Beispiel: Sachbeschädigung an der Kleidung des Opfers, nachdem ein Mord mittels einer Schusswaffe ausführlich geprüft und bejaht wurde.

b) Konkrete Quellen

Je besser Ihr Problembewusstsein, umso leichter werden Sie die beiden Quellen für die Schwerpunkte Ihres Falls nutzen können.

aa) Klassiker

Zum einen können und sollen Sie **klassische Probleme kennen** und dann in der Klausursituation **wiedererkennen**. Es ist allerdings gerade dann Vorsicht geboten, wenn Sie sich kurz vor der Klausur mit dem Problemfeld abstrakt (Skript, Lehrbuch) oder konkret (Fallsammlung, aktuelle Rechtsprechung) befasst haben. Sie können dann Gefahr laufen, den Klausurfall Ihrem Wissen anzupassen (**Sachverhaltsquetsche**, s.o.), anstatt umgekehrt Ihr Wissen auf den Fall anzuwenden. Es gilt also: **Vorsicht vor dem** (vermeintlich) **bekannten Fall**. Auch im Übrigen müssen Sie hier gründlich und gewissenhaft vergleichen, denn mitunter ähneln sich Problemkonstellationen stark. Dann will genau überlegt sein, in welche „Schublade" der Fall gehört oder ob nicht sogar ein atypischer Fall vorliegt, der in keine der klassischen Schubladen hineinpasst.

Anschauliche **Beispiele** sind etwa die Irrtumslehre im Strafrecht AT oder im Sachenrecht die Sonderfallgruppen des EBV. Erschwerend kommt in beiden Bereichen hinzu, dass sich nicht nur die Fallkonstellationen, sondern auch die Bezeichnungen für sie stark ähneln.

bb) Konkrete Hinweise und Anhaltspunkte

Zum anderen müssen Sie den **Klausursachverhalt** auf **Problemhinweise** abklopfen.

- Regelmäßig bestehen Probleme hinsichtlich solcher Bereiche, zu denen **detaillierte Sachverhaltsangaben** vorliegen.

  Beispiele: Wenn im Sachverhalt kurz und knapp steht, dass K ein Handy „kauft", dann liegen Angebot und Annahme unproblematisch vor. Wenn hingegen ausführlich beschrieben wird, wie K und V mehrfach miteinander kommunizieren und der genaue Inhalt der Erklärungen abgedruckt ist, dann spricht vieles dafür, den Vertragsschluss ausführlich zu beleuchten.

- Im Zivil- und Strafrecht haben Sie insbesondere immer wieder Angaben zur **objektiven Sachlage** und der davon (nicht/teilweise) abweichenden **subjektiven Vorstellung** einer Person. Das eröffnet das weite Problemfeld der **Irrtümer**.

  Beispiele: Wenn im Sachverhalt kurz und knapp steht, dass A auf B schießt, dann liegen regelmäßig keine Schwerpunkte beim Vorsatz. Anders ist es hingegen, wenn detailliert beschrieben wird, welche Vorstellungen A im Zeitpunkt des Schießens hatte, insbesondere über das Ziel und die Erfolgsaussichten des Schusses.

- Wie bereits erwähnt sind **Äußerungen der beteiligten Personen** zu rechtlichen Bewertungen ein Wink mit dem Zaunpfahl dahin, dass Sie diese Rechtsfrage eingehend untersuchen sollen und dass es eventuell sogar einen Meinungsstreit mit divergierenden Ansichten zu dieser Rechtsfrage gibt.

- Sie werden im Laufe des Studiums lernen, dass bestimmte Probleme im weiteren Fortgang der Klausur oft bestimmte **Folgeprobleme** aufwerfen. Wenn Sie eines der Probleme erkennen, dann liegt es nahe, auch die übrigen Probleme anzusprechen oder zumindest anzudenken.

  Beispiele: Bestimmte Formverstöße sind in Ausnahme zu § 125 S. 1 BGB unbeachtlich, wenn sie geheilt werden (vgl. § 311 b Abs. 1 S. 2 BGB u. § 518 Abs. 2 BGB). Eine Versuchsprüfung im Strafrecht nach §§ 22, 23 StGB sollte stets mit einer Rücktrittsprüfung (§ 24 StGB) einhergehen.

- **Grenzfälle** müssen Sie problematisieren, während eindeutige Fälle kurz abgehandelt werden müssen.

  Beispiel: Eine Körperverletzung i.S.d. § 223 StGB können Sie bei einem Faustschlag knapp bejahen und bei einem Zuwedeln von Luft schnell verneinen. Beim Anhauchen mit einer Knoblauchfahne müssen Sie hingegen in eine vertiefte Prüfung einsteigen.

- Überlegen Sie, welche **Interessen** welcher Personen sowie welche **objektiven Rechtsprinzipien** betroffen sind und wie diese von der Rechtsordnung geschützt und gewichtet werden.

  Beispiel: Wenn zwischen Anspruchsentstehung und -geltendmachung viel Zeit verstrichen ist, dann steht die Anspruchsinhaberschaft (geschützt nach Art. 14 Abs. 1 GG) dem Prinzip des Rechtsfriedens (abgeleitet aus dem Rechtsstaatsprinzip, Art. 20 Abs. 3 GG) gegenüber. Das Spannungsfeld zwischen diesen beiden Prinzipien hat der Gesetzgeber in den Verjährungsvorschriften geregelt (§§ 194 ff. BGB), die Sie daher prüfen sollten.

- **Denken Sie wie der Klausurersteller**: Welches Problem lässt sich noch „schön“ in den Fall einbauen? Welche Probleme lassen sich gut miteinander kombinieren?

Sie sollten zwar schauen, dass Sie den Sachverhalt bestmöglich auswerten und alle seine relevanten Inhalte in Ihrer Lösung verwerten. In ihm können aber **auch nicht lösungsrelevante Informationen** enthalten sein.

- In der Regel handelt es sich dabei um **Hintergrundinformationen**, die den Sachverhalt anschaulicher und nachvollziehbarer machen sollen. Diese können Sie unerwähnt lassen.

  Beispiel: A schlägt den B, läuft an einem Fußballplatz mit fünf spielenden Schäferhunden sowie einem gerade von Dieter Bohlen eröffneten Schuhgeschäft vorbei und schlägt sodann den C. –

Kerninformationen sind die beiden Schläge. Die Details des Spaziergangs sind hingegen irrelevant für die Lösung. Allerdings ist die generelle Information, dass A einen längeren Spaziergang gemacht hat, dafür wichtig, dass die Taten in Tatmehrheit (§ 53 StGB) stehen – insofern müssen Sie den Spaziergang also (ohne Details) erwähnen.

- Manchmal werden aber Informationen auch bewusst in der Erwartung gegeben, dass Sie **ausdrücklich darlegen** müssen, dass es auf diese Information **gerade nicht ankommt**. Es handelt sich quasi um das Gegenstück zur fehlenden relevanten Information, bei welcher Sie nach Beweislastregeln eine Sachverhaltsvariante unterstellen müssen (s.o.).

  Beispiel: A fährt mit dem Pkw in das Fahrrad des O hinein und O stürzt, obwohl A größte Vorsicht hat walten lassen und ganz genau auf den Verkehr geachtet hat. O verlangt von A Schadensersatz. –
  A handelte nicht einmal fahrlässig, ihn trifft also kein Verschulden. Ansprüche aus § 823 Abs. 1 BGB und aus § 823 Abs. 2 BGB i.V.m. § 229 StGB scheitern also an diesem Tatbestandsmerkmal. Ebenso ist es hinsichtlich der Fahrerhaftung nach §§ 18 Abs. 1 S. 1, 7 Abs. 1 StVG, denn bei dieser wird gemäß § 18 Abs. 1 S. 2 StVG das Verschulden zwar vermutet, A kann die Vermutung aber widerlegen. Für diese drei Anspruchsgrundlagen ist die Information zur hohen Vorsicht des A also lösungsrelevant. A haftet nicht.
  Sollte A allerdings auch Halter des Pkw sein, so haftet er nach § 7 StVG, und zwar verschuldensunabhängig. Der Umstand, dass für diese Anspruchsgrundlage kein Verschulden erforderlich ist, verkehrt also das bisherige Ergebnis der Falllösung ins Gegenteil. Daher sollten Sie hier ausdrücklich erwähnen, dass es auf das (fehlende) Verschulden nicht ankommt.

2. Gewichtung in der Klausurlösung

In Ihrer Klausurlösung **steuert die Problemdichte die Darstellungstiefe**. Das bedeutet:

- Wenn Sie **relativ wenige** Probleme gefunden haben, dann können und müssen Sie **auf jedes Problem mehr Zeit** verwenden, als wenn die Klausur relativ viele Probleme enthält, die alle Ihre Aufmerksamkeit in der begrenzten Bearbeitungszeit verlangen.

- **Je „problematischer das Problem“** ist, **umso mehr Zeit** können und müssen Sie darauf verwenden. Kleineren „Problemchen“ schenken sie hingegen weniger Zeit, und mit Unproblematischem dürfen Sie sich nur kurz aufhalten.

Beide Merksätze gelten sowohl für die Zeit, die Sie im **2. Arbeitsbereich** auf die Denkarbeit als auch im **3. Arbeitsbereich** auf die Schreibarbeit aufwenden. Den Schreibaufwand können Sie vor allem durch die gezielte **Mischung der Stilarten** (Gutachtenstil, Urteilstil) steuern – mehr hierzu im 9. Schritt.

Menschlich verständlich, aber **grob falsch** ist das immer wieder zu beobachtende Gegenteil: Vor allem Anfänger neigen dazu, Leichtes und gut Bekanntes ausführlichst darzustellen, weil sie sich in bekannten Gewässern bewegen. Kompliziertes und Problembehaftetes wird von Ihnen hingegen nur knapp abgehandelt, sei es aus Wissensnot oder aus der in den bekannten Gewässern entstandenen Zeitnot. Diesen Fehler **dürfen Sie nicht machen, auch nicht im ersten Semester**.

Fast schon legendäres **Negativbeispiel** liefern Fälle zu **§ 223 StGB**, in welchen der Täter dem Opfer mit der Faust ins Gesicht schlägt, weil das minderjährige Opfer den Täter zuvor beleidigt und angegriffen hat. –
Leider wird hier immer wieder in aller epischen Breite der – überhaupt nicht problematische – Tatbestand des § 223 StGB geprüft, eben weil ihn jeder Student oft bereits seit der ersten Woche des Studiums kennt. Der Rechtfertigungsgrund des § 32 StGB, zu welchem der Sachverhalt mehrere Probleme enthält, wird dann nur noch in wenigen Sätzen abgehandelt.

II. Verneinte Merkmale und Hilfsgutachten

Die Rechtsfolge tritt nur ein, wenn sämtliche kumulativ erforderliche Tatbestandsmerkmale erfüllt sind. Es schadet also bereits die **Verneinung eines einzigen Tatbestandsmerkmals**. Arbeitsökonomisch liegt es daher nahe, ausschließlich ein nicht vorliegendes Merkmal anzusprechen und alle anderen Merkmale – seien sie erfüllt oder nicht erfüllt – unerwähnt zu lassen. In einem Gutachten gilt aber auch hier: **Probleme schaffen, nicht wegschaffen**.

In der Regel dürfen Sie daher **nicht sofort auf das zu verneinende Merkmal springen**, insbesondere dann nicht, wenn Sie zu den zu bejahenden Merkmalen **punkteträchtige Probleme** gefunden haben. Es **tritt** also das **Notwendigkeitsgebot hinter dem Vollständigkeitsgebot zurück**.

Das entspricht auch der **Praxis:** In einem Urteil wird zwar sofort und ausschließlich das verneinte Merkmal angesprochen, um möglichst effizient das Nichteingreifen der Rechtsfolge zu begründen. Anders ist es aber in Gutachten und ähnlichen Werken, welche etwa einer der Richter zur Vorbereitung der Beratung aller Richter über das Urteil (sog. Votum) oder ein Rechtsanwalt zwecks Information des Mandanten über die Chancen und Risiken einer Klageerhebung verfasst. Diese müssen so umfangreich formuliert werden, dass sie auch dann noch ihren Zweck erfüllen, wenn sich herausstellt, dass das vom Verfasser verneinte Merkmal doch vorliegt.

Im Einzelnen sind folgende **Konstellationen** zu unterscheiden:

1. Vorherige Merkmale

Bejahte Merkmale, die in der Reihenfolge (ausgehend vom mehr oder weniger üblichen Prüfungsschema) vor dem verneinten Merkmal stehen, sollten Sie **in aller Regel** (in der von der Problemdichte abhängigen Darstellungstiefe) **ansprechen und prüfen**. Anderenfalls droht die Gefahr, dass Sie viel zu früh mit der Klausur fertig sind und viele punkteträchtige Ausführungen auslassen.

Grundsätzlich müssen Sie sich also bei jedem einzelnen Prüfungspunkt **entscheiden**, ob er vollständig, teilweise oder nicht erfüllt ist. In Ihrer Lösungsskizze sollte in der Regel hinter jedem Prüfungspunkt ein „(+)" oder „(-)" oder ein ähnliches Zeichen stehen. Das Entscheiden unter Zeitdruck ist eine **ganz wesentliche juristische Fähigkeit**, die in Klausuren abgeprüft und honoriert wird.

Beispiel: In der Regel sollten Sie zunächst die Entstehung und den Untergang des Anspruchs erörtern, auch wenn dieser verjährt ist.

Ganz ausnahmsweise dürfen Sie ein Merkmal offenlassen, wenn es genügt, dass ein **anderes Merkmal** erfüllt ist, wenn also die Merkmale **alternativ und nicht kumulativ** vorliegen müssen. Voraussetzung ist allerdings, dass es sich um eine echte Alternativität handelt, die der Gesetzgeber gerade geschaffen hat, um **Abgrenzungsschwierigkeiten zu vermeiden**, denn Sie müssen nicht besser abgrenzen können, als es der Gesetzgeber tut. Aber auch hier gilt, dass Sie mehr Punkte sammeln, wenn Sie eine Abgrenzung vornehmen, für die Ihnen der Sachverhalt ausreichend tatsächliche Informationen liefert. Insbesondere im Strafrecht müssen Sie ohnehin sämtliche Merkmale durchprüfen, da sich jedes erfüllte Merkmal **strafschärfend** auswirken kann.

Beispiele: Im Rahmen des § 868 BGB spielt es keine Rolle, ob der unmittelbare Besitzer die Sache gemietet, gepachtet oder geliehen (Leihe als ähnliches Verhältnis) hat.

Gegenbeispiel: Sie müssen sämtliche Mordmerkmale des § 211 Abs. 2 StGB und sämtliche Qualifikationen des § 224 Abs. 1 StGB durchprüfen, die ernsthaft in Betracht kommen.

Ausnahmsweise können Sie Merkmale überspringen, wenn Sie diese ohnehin an späterer Stelle noch ansprechen werden und wenn es dort auf diese entscheidend ankommt. Auf diesem Weg vermeiden Sie, dass Ihr Gutachten zu Beginn lange, fürs Ergebnis aber letztlich irrelevante Ausführungen enthält. Das Gutachten wird also **weniger kopflastig.**

Beispiel: Beim Anspruch aus § 985 BGB wird üblicherweise erst Eigentum und dann Besitz geprüft. Wenn das Eigentum des Anspruchsstellers problematisch, aber der Besitz des Anspruchsgegners eindeutig nicht gegeben ist, dann können Sie § 985 BGB direkt am fehlenden Besitz scheitern lassen, wenn Sie das Eigentum ohnehin noch in einem anderen Anspruch (z.B. § 823 Abs. 1 BGB oder § 812 Abs. 1 BGB) prüfen werden.

Ferner können Sie **ausnahmsweise** ein Merkmal überspringen, auch wenn Sie es später nicht mehr ansprechen werden, wenn Sie in großer **Zeitnot** sind und es darum geht, eher nebensächliche Normen in aller Kürze abzuarbeiten, vor allem am Ende der Klausur. Denn es ist sehr wichtig, das Gutachten **umfänglich und abschließend** zu erstellen, auch wenn dadurch die ein oder andere Passage etwas kürzer ausfällt. Die **Probleme** des übersprungen Merkmals sollten Sie nach Möglichkeit aber **kurz andeuten**, um zu zeigen, dass Sie sie zwar nicht lösen werden, aber gefunden haben.

Diese Situation wird Ihnen erst am **Ende der dritten Arbeitsphase** begegnen, wegen des Sachzusammenhangs wird sie bereits hier angesprochen.

Beispiel: Sie haben noch 30 Sekunden Zeit, einen Hausfriedensbruch (§ 123 StGB) zu prüfen. Sie können in etwa formulieren: „Unabhängig davon, ob das Grundstück objektiv einem anderen gehörte, ging T jedenfalls davon aus, dass es sein eigenes Grundstück sei. Eine Strafbarkeit nach § 123 StGB scheitert daher jedenfalls am fehlenden Vorsatz."

2. Spätere Merkmale

Merkmale, die in der Reihenfolge (ausgehend vom mehr oder weniger üblichen Prüfungsschema) nach dem verneinten Merkmal stehen, sollten Sie **in der Regel nicht mehr ansprechen**. Der Gedankengang ist zu Ende.

Beispiel: Wenn die Strafbarkeit am Vorsatz scheitert, dann werden Rechtfertigungs- und Entschuldigungsgründe nicht mehr angesprochen.

a) Spätere verneinte Merkmale

Ausnahmsweise sollten Sie aber auch solche späteren, ebenfalls verneinten Merkmale ansprechen, wenn Sie hier **noch Probleme sehen**, die sie woanders nicht mehr ansprechen können und von denen Sie vermuten, dass der Aufgabensteller ihre Erwähnung erwartet und es daher hierfür Punkte gibt.

Beispiel: Ein vertraglicher Anspruch scheitert sowohl an der Formnichtigkeit (§ 125 BGB) als auch an der Sittenwidrigkeit (§ 138 BGB). Sie sollten beide Nichtigkeitsgründe ansprechen, zumal es hierfür keine feste oder übliche Reihenfolge gibt.

Gegenbeispiel: Im Ausgangsfall erlischt der Anspruch aufgrund Erfüllung (§ 362 Abs. 1 BGB), zudem wäre er aufgrund Verjährung (§§ 194, 214 BGB) nicht durchsetzbar. In der Abwandlung ist keine Erfüllung eingetreten, es liegt aber aus denselben Gründen Verjährung vor. Hier sollten Sie die Verjährung erst in der Abwandlung ansprechen.

Eine solche „mehrbeinige" Begründung entspricht auch der **Praxis**: Klageabweisende Urteile sollen den Kläger bestmöglich davon überzeugen, dass er im Unrecht ist. Das gelingt besser, wenn man ihm mitteilt, dass seine Klage aus mehreren Gründen keinen Erfolg hat, auch wenn jeder Grund für sich ausreicht. Auch die Wahrscheinlichkeit, dass ein Schriftsatz des Beklagten das Gericht von der Erfolglosigkeit der Klage überzeugt, steigt, je mehr Gründe hierfür in ihm aufgezählt werden.

Stets zulässig und erwünscht sind hingegen **Hilfsbegründungen innerhalb desselben Merkmals**.

Beispiel: Sie argumentieren, dass der Sachverhalt sich bereits nach dem Wortlaut nicht unter ein bestimmtes Merkmal subsumieren lässt und dass dies darüber hinaus nicht mit dem Sinn und Zweck der Norm zu vereinbaren wäre.

b) Spätere bejahte Merkmale

Spätere **bejahte Merkmale** sollten Sie nur in **absolut untypischen Fällen ganz, ganz ausnahmsweise** ansprechen. Es müssen schon große Problembereiche und Merkmalgruppen sein, die Sie sich anderenfalls abschneiden würden. Wenn Sie in dieser Konstellation weiterprüfen wollen, dann müssen Sie aber deutlich machen, dass Sie nunmehr ein **Hilfsgutachten** erstellen und dass Sie das zuvor verneinte Merkmal im weiteren Verlauf **als gegeben unterstellen**.

Klassiker ist ein **Hilfsgutachten zur Begründetheit** einer Klage, deren Zulässigkeit Sie verneint haben. Auch wenn Sie im Öffentlichen Recht öfter und im Zivilrecht gelegentlich nicht nur die materielle Rechtslage, sondern eine komplette Klage prüfen müssen, liegt der absolute Schwerpunkt auch in diesen Fällen auf dem materiellen Recht. Sie schneiden sich daher große Teile ab und sind viel zu früh fertig, wenn Sie nach der Zulässigkeit aufhören.

Beispiel zum Aufbau: Fragestellung: Wird die Klage Erfolg haben?

A. Hauptgutachten

...

Zulässigkeit der Klage im Ergebnis (-), daher hat die Klage keinen Erfolg.

B. Hilfsgutachten
I. Zulässigkeit der Klage wird unterstellt
II. Begründetheit der Klage: Prüfung der materiellen Rechtslage

Keinesfalls dürfen Sie allerdings in diesem Beispiel die Zulässigkeit der Klage mit der Begründung offen lassen, dass die Klage jedenfalls unbegründet ist. **Die Rechtskraft eines Urteils wegen Unbegründetheit** (Sachurteil) geht nämlich **weiter als diejenige eines Urteils wegen Unzulässigkeit** (Prozessurteil), vgl. für den Zivilprozess § 320 Abs. 1 ZPO. Eine als unzulässig abgewiesene Klage kann erneut erhoben werden (sinnvollerweise in zulässiger Form, also z.B. beim zweiten Versuch vor dem zuständigen Gericht), eine als unbegründet abgewiesene Klage hingegen nicht.

Klausurtaktisch müssen Sie sich aber fragen, ob Sie wirklich ein Hilfsgutachten erstellen sollen. Der Klausurersteller baut seine Dominosteine in der Regel so auf, dass nach seiner Lösungsvorstellung keine großen Problembereiche abgeschnitten werden, sondern dass man **erst am Ende oder gar nicht „herausfliegt"**. Weshalb sollte er sich auch die Arbeit machen, einen problembehafteten Sachverhalt zu erstellen, der dann nicht bzw. nur hilfsgutachterlich geprüft werden muss. Gehen Sie also Ihre Lösung nochmals durch und fragen Sie sich, ob Sie wirklich in das Hilfsgutachten einsteigen wollen. Oder haben Sie vielleicht an einer Stelle **einen Fehler** gemacht? Oder können Sie zumindest **ein Problem/eine Streitfrage gut vertretbar anders lösen** und hierdurch das Hilfsgutachten vermeiden?

III. Sachverhaltslücken und Alternativgutachten

In den Ausführungen zum ersten Arbeitsbereich (2. Abschnitt, D.) haben Sie erfahren, dass Sie **Sachverhaltslücken** in gewissem Rahmen durch **Sachverhaltsauslegung** und im Übrigen nach den **Beweislastregeln** schließen sollten.

Zu diesem Zweck müssen Sie bereits im ersten Arbeitsbereich punktuell die **rechtliche Lösung durchdenken**, um dann im Ergebnis **eine einzige Sachverhaltsvariante als gegeben anzunehmen** und diese dann zu begutachten. Grundsätzlich schreiben Sie in dieser Situation also nur ein Gutachten.

Ausnahmsweise ist es aber geschickter, zu **zwei oder mehr Sachverhaltsvarianten** das Gutachten aufzusplitten und zwei oder mehr **parallele, alternative rechtliche Gedankengänge** zu verfolgen. Sie sollten sich bei diesen Passagen aber möglichst **kurz** fassen, auf **einzelne Passagen/Merkmale beschränken** und – wenn Sie nicht bereits am Ende der Lösung angelangt sind – möglichst schnell die **Gedankengänge wieder zusammenführen**. Denn dieses Vorgehen erfordert sehr hohe Konzentration und zudem fehlt Ihnen die Zeit, zwei komplette Fälle vollständig nebeneinander zu begutachten. Insbesondere bietet sich das Vorgehen an,

- wenn ein Umstand zwar noch nicht eingetreten ist, aber **jederzeit eintreten kann**

Beispiel: K hat von V ein Bild gekauft. V hat angekündigt, das Bild lieber zu verbrennen, als es dem K zu geben. –
Sie prüfen schwerpunktmäßig den Anspruch aus § 433 Abs. 1 S. 1 BGB, denn das Bild existiert ja noch. Sie können aber kurz ergänzen, dass K gegen V einen Anspruch aus §§ 280 Abs. 1 u. 3, 283 BGB hat, sobald V das Bild verbrennt.

Beispiel: K hat bei V ein Bild erworben und bezahlt, nun möchte er den Vertrag aber rückabwickeln. Möglich erscheint eine Anfechtung oder ein Rücktritt. K hat aber noch keine diesbezügliche Erklärung abgegeben (vgl. § 143 u. § 349 BGB). –
Aus strenger Sicht eines Richters könnten Sie mit einem Satz sowohl Ansprüche wegen Anfechtung (§§ 812 ff. BGB) als auch wegen Rücktritts (§§ 346 ff. BGB) verneinen, denn diese entstehen erst durch die Erklärung. Dann wäre die Klausur aber sofort zu Ende. Daher werden Ihnen derartige Fälle aus Anwaltssicht gestellt (Fallfrage „Was raten Sie Ihrem Mandanten?“) Sie müssen dann beide Anspruchsgruppen prüfen, die Ergebnisse vergleichen und K zu der Erklärung raten, die ihm größere Vorteile bringt.

- oder wenn es für den Fall **keine Beweislastregel** gibt, insbesondere bei der **Höhe eines dem Grunde nach jedenfalls bestehenden Anspruchs**. Soweit die Höhe nicht feststeht, dürfen Sie das dann genauso vage schreiben – Sie müssen nicht schlauer sein als der Sachverhalt und können diesen nur soweit rechtlich detailliert begutachten, wie er tatsächliche Details enthält.

Beispiel: A hat den Computer des B zerstört. Sie sind zu dem Ergebnis gekommen, dass B von A für jeden Tag ohne Computer Schadensersatz verlangen kann. Der Sachverhalt teilt Ihnen aber nicht mit, seit wann der Computer defekt ist, und wann B einen neuen Computer erhalten wird. –
Nach allgemeinen Beweislastregeln muss A zwar nur den von B erwiesenen Schaden ersetzen. Es wäre aber nun falsch, B keinen Schadensersatz zuzusprechen, denn es steht ja fest, dass B (irgend-)ein Schaden entstanden ist, nur steht nicht fest, wie hoch dieser pro Tag ist und um wie viele Tage es geht. Sie können in etwa formulieren: „Die Höhe des Anspruchs errechnet sich aus der Anzahl der Tage des B ohne Computer multipliziert mit den Ausfallkosten pro Tag. Die für eine konkrete Berechnung erforderlichen Tatsachen sind im Sachverhalt nicht enthalten.“

Zweiter Arbeitsbereich: Schriftliche Begutachtung

Überblick	**Ziel:** rechtliche Beurteilung des Falles
4. Schritt **Erfassen der Fallfrage**	▪ **Herausarbeiten der Fragestellung** – konkrete Fallfrage? – Auslegung bei unklarer oder unvollständiger Fragestellung ▪ **Aufgliedern der Fragestellung in Teile** ▪ **erste Konsequenzen für den Fallaufbau**
5. Schritt **Sammeln der Rechtsnormen**	▪ **Wissen oder Suchen der Rechtsnormen** – Suchen der Antwortnormen, Gegennormen, Hilfsnormen – Suche nach Funktion, im Gesetz, im Sachregister und im Sachverhalt ▪ **Auswählen der Rechtsnorm** – Vollständigkeit, grundsätzlich Auswahl aller Normen – Ideenzettel: Notieren von Vorüberlegungen ▪ **Ordnen** – Ordnungskriterien: Rangverhältnis und Zweckmäßigkeit – im Zivilrecht: Vertrag, vertragsähnlich, dinglich, Delikt/Bereicherungsrecht
6. Schritt **Rechts-anwendung**	▪ **Normprüfung** – Tatbestand prüfen (um festzulegen, inwieweit die Rechtsfolge greift) – vorrangiges Merkmal? Sonst alle gleichrangig – Vorteile und Nachteile von Prüfungsschemata ▪ **Anwendungstechniken** – Subsumtion des Sachverhalts unter die Definition – Auslegung: Wortlaut, Systematik, Sinn und Zweck, ggf. Historie, Vereinbarkeit mit höherrangigem Recht – Lückenausfüllung: Analogie und Rechtsfortbildung – Regelungsüberschuss: teleologische Reduktion – Meinungsstreit: Einbettung in übliche Methodik, bei Relevanz entscheiden
7. Schritt **Lösungsskizze**	▪ **Regieanweisung und Gedankenstütze** für das Gutachten ▪ **so wenig Schreibaufwand wie möglich:** Stichworte ▪ **Ideenzettel auswerten** ▪ **Gliederung** als Spiegel der systematischen Rechtsanwendung
8. Schritt **Lösungskontrolle**	▪ **Vollständigkeit: Sachverhalt komplett verarbeitet?** ▪ **Plausibilität und Vertretbarkeit: keine Widersprüche und gerecht?** ▪ **Überzeugungskraft: Argumentation und Begründung? Teflonprinzip**
Besondere Situationen	▪ **Schwerpunkte** ermitteln und ausführlich lösen ▪ **verneinte Merkmale:** – vorherige Merkmale grundsätzlich ansprechen – spätere Merkmale grundsätzlich weglassen, Hilfsgutachten vermeiden ▪ **Sachverhaltslücken:** grundsätzlich Beweislast, ausnahmsweise Alternativgutachten

G. Zum Beispielsfall

4. Schritt: Erfassen der Fallfrage

Der Sachverhalt enthält keine ausdrückliche Fragestellung. Es ist nur geschildert, dass der Anzug des A beschädigt ist und dass er von F Ersatz begehrt. Daraus lässt sich als Fallfrage herleiten:

- „Wer“: A
- „Von wem“: von F
- „Was“: Ersatz für die Schäden durch den Biss, also für den Anzug und für körperliche Schäden, insofern auch Schmerzensgeld, sowie
- „Warum“: Der zur Anspruchsentstehung führende Sachverhalt könnte sich (1.) aus einer vertraglichen Sonderbeziehung aufgrund des Rufes der F „So helfen Sie doch!“, (2.) aus dem Trennen der Hunde als tatsächliche Handlung oder (3.) aus dem Biss des Hundes als Verletzungshandlung ergeben.
- „Woraus“: Anspruchsgrundlagen könnte im Auftragsrecht (ad 1.), in den Vorschriften zur Geschäftsführung ohne Auftrag (ad 2.) oder im Deliktsrecht (ad 3.) zu finden sein.

5. Schritt: Sammeln der Rechtsnormen

Mögliche Anspruchsgrundlagen, deren Rechtsfolge im weiteren Sinne auf Ersatz gerichtet ist, sind aus dem Auftragsrecht § 670 BGB, aus dem Recht der Geschäftsführung ohne Auftrag §§ 683, 670 BGB und aus dem Deliktsrecht die allgemeine Haftungsnorm des § 823 Abs. 1 BGB sowie die Tierhalterhaftung nach § 833 BGB.

Vertragliche Ansprüche sind vor vertragsähnlichen und diese wiederum vor deliktischen zu prüfen, die Ansprüche sind also in der genannten Reihenfolge zu prüfen.

Als Hilfsnormen könnten insbesondere relevant werden die Vorschriften und Lehren des BGB AT zum Zustandekommen eines (Auftrags-)Vertrags, die §§ 249 ff. BGB zum Umfang der Schadensersatzansprüche und § 276 Abs. 2 BGB zur Definition der Fahrlässigkeit.

6. und 7. Schritt: Rechtsanwendung und Lösungsskizze

Die folgende Lösungsskizze ist **ausführlicher als erforderlich** und enthält **keine Abkürzungen**, damit Sie sie besser nachvollziehen können. Nochmal: In eine echte Skizze sollten Sie so wenig Schreibarbeit wie möglich investieren.

Ersatzansprüche A gegen F

I. **§§ 662, 670**: Einigung?
Angebot (der F) = Willenserklärung,
1. Handlungswille (+)
2. Rechtsbindungswille?
(-), Notsituation, F will keine rechtliche Bindung, sondern tatsächliche Hilfe
Ergebnis: Kein Angebot, keine Einigung, kein Auftrag, kein Anspruch

II. **§§ 677 ff., 683 i.V.m. § 670**
1. fremdes Geschäft (+)
2. Fremdgeschäftsführungswille (+)
3. ohne Auftrag (+)
4. Berechtigung einer GoA, § 683 S. 1
Interesse (+)
Wille (+)
5. Rechtsfolge: § 670, Aufwendungsersatz
a) Aufwendung? Wortlaut (-) nur freiwillige Vermögensopfer; aber Sinn und Zweck / erst Recht auch Schäden als unfreiwillige Vermögensopfer, begleittypisch
b) materielle Schäden: Körper, Anzug
c) Schmerzensgeld (§ 253 Abs. 2) str., dafür spricht Kodifizierung
Ergebnis: Anspruch auf Ersatz der drei Posten

III. **§ 823 Abs. 1**
1. Rechtsverletzung: Körper und Eigentum des A
2. Handlung: Spazieren, Hilferuf
3. Kausalität: Zurechnung (Herausforderungsformel) (+)
4. Rechtswidrigkeit (+)
5. Verschulden (–) kein pflichtwidriges Verhalten
Ergebnis: kein Anspruch

IV. **§ 833 S. 1**
1. Halter = F
2. Rechtsgutverletzung (+)
3. typische Tiergefahr: Hunde locken einander an
4. Pinscher = Luxustier, daher Gefährdungshaftung
5. Rechtsfolge/Umfang des Ersatzes wie oben, Schmerzensgeld unstr.
Endergebnis: Anspruch aus GoA und aus § 833 S. 1, alle drei Posten

8. Schritt: Lösungskontrolle

Der Sachverhalt wurde vollständig bearbeitet, insbesondere wurde das Begehren komplett berücksichtigt.

Die gefundene Lösung muss plausibel, vertretbar und überzeugend sein:

- Insbesondere ist es nicht grob ungerecht (was für einen Fehler sprechen würde), dass F dem A seine Schäden ersetzen muss, denn A hat die Schäden nur erlitten, weil er F geholfen hat.

- Zudem ist zu berücksichtigen, dass A auch einen Anspruch gegen den Halter des Schäferhundes aus § 833 S. 1 BGB haben dürfte. F und der Halter sind Gesamtschuldner, A kann daher beide nach freier Wahl in voller Höhe in Anspruch nehmen (vgl. §§ 840 Abs. 1, 421 BGB). Sollte A sich für F entscheiden, dann kann F von dem Halter nach Maßgabe des § 426 Abs. 1 u. 2 BGB Regress nehmen, und zwar angesichts seiner weit überwiegenden Verantwortung gewiss in (nahezu) vollständiger Höhe, vgl. § 254 Abs. 1 BGB.

- Diese Regressmöglichkeit kann F zwar nur durchsetzen, wenn sich der Halter noch ermitteln lässt, anderenfalls bleibt F auf dem Schaden alleine sitzen. Das mag man nicht für die optimale Lösung halten und der Gesetzgeber hätte das anders regeln können. Es ist aber auch nicht grob ungerecht, den Vermögensschutz des Helfenden (hier: A) über den Schutz des Hilfeempfängers (hier: F) zu stellen und dadurch dem Hilfeempfänger das Insolvenzrisiko des anderen Schädigers (hier: des unbekannten Halters) aufzubürden, denn nur so kann Zivilcourage gefördert werden.

Die gefundene Lösung lässt sich also gut begründen und fügt sich in die gesamte Rechtsordnung nahtlos ein. Alles „passt", es gibt keinen Korrekturbedarf.

4. Abschnitt: Dritter Arbeitsbereich: Erstellung des Gutachtens (juristische Schreibtechnik)

Nun müssen Sie Ihren Lösungsweg **schriftlich** in einem Gutachten **darstellen**.

Wenn Sie die Zeit haben, dann **lesen** Sie zuvor noch einmal den **kompletten Sachverhalt** durch.

A. Anfertigung des Gutachtens (9. Schritt)

Der Prüfer erfährt von Ihren gedanklichen Vorarbeiten unmittelbar nichts, er sieht und **bewertet nur das Gutachten**. Es ist daher absolut essentiell, dass Sie Ihre Gedanken **geordnet, nachvollziehbar und überzeugend** zu Papier bringen. Anders als in einem Prüfungsgespräch kann der Prüfer keine Nachfragen stellen, daher muss das Gutachten **aus sich heraus verständlich** sein.

Bei allen folgenden Hinweisen ist es müßig, danach zu fragen, ob ihre Nichtbeachtung zu Punktabzug führen muss, kann oder überhaupt darf. Denn jedenfalls entsteht beim Prüfer ein **schlechter Gesamteindruck**, der sich mittelbar und unterschwellig auf die Note auswirken kann. Zudem kostet es Sie wesentlich weniger Zeit, Nerven und Geld, von vornherein ein ansprechendes Gutachten zu erstellen, als im Nachhinein mit dem Prüfer um die Zulässigkeit der Benotung zu streiten.

I. Optische Übersichtlichkeit: Der erste Eindruck

Der Prüfer soll direkt über die Inhalte Ihres Gutachtens nachdenken. Sie müssen daher den **Inhalt** des Gutachtens **ansprechend präsentieren**. Es gilt, jeden Stolperstein zu vermeiden, der die Aufmerksamkeit des Prüfers vom Inhalt ablenkt bzw. es sogar verhindert, dass der Prüfer überhaupt bis zum Inhalt vordringt.

Der optische Eindruck muss beim Prüfer eine positive Grundstimmung hervorrufen, **bevor** er überhaupt **mit dem Lesen beginnt**.

1. Lesbarkeit

Sie benötigen daher zwar keine preisverdächtige, aber eine einigermaßen **lesbare**, jedoch zugleich **schnelle Handschrift**. Diese hängt auch davon ab, welches **Schreibgerät** Sie verwenden, daher sollten Sie verschiedene Stifte ausprobieren und auf einen leichtgängigen Stift achten. In den Examensklausuren gilt es zudem, die enorme physische Belastung mehrerer fünfstündiger Klausuren ohne Sehnenscheidenentzündung zu überstehen. Sie sollten daher einen Stift finden, der Ihnen gut in der Hand liegt und ggf. zwischen verschiedenen Stiften während der Klausur wechseln. Beachten Sie aber bei alledem, dass die Art des Stifts von Ihrer Universität bzw. Ihrem Prüfungsamt **zugelassen** sein muss.

Beschreiben Sie die Blätter **nur einseitig**, dann kann der Korrektor sie besser durchblättern. Zudem droht sonst bei zu dünnem Papier oder zu starken Stiften, dass der Stift auf die andere Seite „durchdrückt".

2. Nachvollziehbarkeit: Gliederung, Überschriften, Absätze

Die **Gliederung**, die Sie in der Lösungsskizze ausgearbeitet haben, müssen Sie ins Gutachten übernehmen, damit nicht nur Sie, sondern auch der Prüfer von ihr profitieren. **Einrückungen** der einzelnen Gliederungsziffern sollten Sie allerdings **nicht** vornehmen. Das würde zwar die Übersichtlichkeit theoretisch steigern, angesichts des ohnehin schon üppigen Korrekturrands hätten Sie dann aber in den unteren Gliederungsebenen kaum noch Platz zum Schreiben.

Überschriften sollten Sie nur **in den obersten ein bis zwei Gliederungsebenen** verwenden. Es trägt nicht zur Übersichtlichkeit bei, jeden kleinsten Absatz mit einer Überschrift zu versehen, sondern es zeugt im Gegenteil von mangelnder Schwerpunktsetzung und wirkt unbeholfen und anfängerhaft. Ferner ist es in den unteren Gliederungsebenen mitunter gar nicht so leicht, eine wirklich passende Überschrift zu finden. Entscheidend aber ist, dass Überschriften keine Sätze, also insbesondere **keine Obersätze ersetzen**. Sparen Sie sich also die Überschrift und investieren Sie die Schreibzeit in einen ordentlichen Obersatz, den Sie direkt hinter der Gliederungsziffer beginnen lassen.

Beispiel: Gut ist etwa:
„A. Erster Tatkomplex: Der Spaziergang
I. Strafbarkeit des B
1. B könnte sich gemäß § 223 Abs. 1 BGB wegen Körperverletzung strafbar gemacht haben, indem er dem J Zigarettenrauch ins Gesicht blies."
a) B müsste J an der Gesundheit geschädigt haben. Das erfordert... "

Gegenbeispiel: Sehr unbeholfen wirkt:

"...

2. Rechtswidrigkeit
Die Tat des B war auch rechtswidrig.
3. Schuld
B handelte auch schuldhaft."

Die Übersichtlichkeit können Sie viel besser herstellen, indem Sie viele **Absätze** setzen, und zwar mit einer freien Zeile – nach großen Sinnabschnitten auch zwei oder drei Zeilen. Sie zeigen damit dem Prüfer, dass Ihr Gedankengang endet. Bei längeren Ausführungen sollten Sie auch **innerhalb eines Gliederungspunktes** Absätze machen, z.B. nach einzelnen Argumenten oder Argumentgruppen.

Beispiel:
„d) Zweifelhaft ist aber, ob B den Gewinn auch i.S.d. § 816 Abs. 1 S. 1 BGB ‚durch die Verfügung' erlangt hat.

Dagegen spricht zwar eine dogmatisch-systematische Betrachtung ...

Der Wortlaut der Norm hingegen ... Auch der Sinn und Zweck des § 816 Abs. 1 S. 1 BGB spricht für ..."

Mithin hat B den Gewinn durch die Verfügung erlangt."

Verwenden Sie insbesondere zu Beginn der Absätze **Schlüsselwörter**, die dem Leser signalisieren, **in welche Richtung der Gedanke geht**. Insbesondere sollte aus diesen Wörtern erkennbar sein, ob der bisherige Gedanke fortgeführt und verstärkt wird, eingeschränkt wird oder ob Sie nunmehr in eine andere Richtung argumentieren.

Beispiele für eine Fortführung: „erstens, zweitens, drittens", „weiterhin", „außerdem", „zudem", „darüber hinaus", „ferner", „schließlich"

Beispiele für eine Einschränkung: „allerdings", „einschränkend", „zugegebenermaßen"

Beispiele für einen Richtungswechsel: „aber" (nach einem „zwar" im vorherigen Satz bzw. Absatz), „jedoch", „dagegen", „im Gegenteil", „andererseits" (nach einem „einerseits" im vorherigen Satz bzw. Absatz), „hingegen"

II. Allgemeine sprachliche Anforderungen

Wenn die Lösungsskizze die nur für Sie selbst bestimmte Regieanweisung ist, dann ist das Gutachten das Theaterstück oder der Film, den Sie den Zuschauern zeigen wollen. Es gelten daher zunächst **dieselben Regeln und Konventionen wie für jeden für Dritte geschrieben Text**, wenn auch modifiziert und ergänzt durch die eine oder andere juristische Besonderheit.

Adressat Ihres Gutachtens ist der **Prüfer**, für ihn müssen Sie schreiben. Dieser stellt sich hinsichtlich der konkreten Falllösung zwar unwissend, er ist aber im Übrigen nicht dumm. Allerdings muss er mehrere Dutzend Klausuren korrigieren, oft als Nebentätigkeit nach Feierabend. Daher reizen ihn (nicht ideal, aber menschlich unvermeidbar) weniger fachlich falsche, sondern eher überlange, sprachlich verkrampfte, nicht nachvollziehbare und einschläfernde Ausführungen. Ihr Gutachten sollte daher nicht nur **fachlich vertretbar** sein – dafür sorgt ohnehin Ihre sorgsam ausgearbeitete Lösungsskizze – sondern auch **verständlich und knapp** sowie im Idealfall auch etwas **spannend und lesenswert**.

1. Abkürzungen und Stichworte

Im Gegensatz zur Sachverhalts- und zur Lösungsskizze sollte Ihr Gutachten **keine Abkürzungen** juristischer Wörter enthalten. Dies stört den Prüfer im **Lesefluss**. Zudem droht die **Gefahr**, dass eine **mehrdeutige Abkürzung** falsch verstanden wird. Allgemeinsprachliche Abkürzungen sind erlaubt. Wenn Sie aus Zeitnot doch abkürzen wollen, dann sollten Sie die Abkürzung bei der ersten Verwendung definieren.

Beispiel: „usw." und „Pkw" sind erlaubt, „VA" anstatt „Verwaltungsakt" hingegen besser nicht. Wenn es sein muss, dann: „Verwaltungsakt (im Folgenden: VA)".

Gesetzesabkürzungen dürfen und sollen Sie verwenden. Wenn Sie ferner (fast) ausschließlich aus einem bestimmten Gesetz zitieren, dann dürfen Sie nach der ersten Nennung der Abkürzung diese auch weglassen, wenn Sie darauf mit einer „Fußnote" hinweisen.

Beispiel: „Normzitate ohne Kennzeichnung beziehen sich auf das StGB."

Auch „**Absatz**", „**Satz**" usw. dürfen Sie mit „Abs.", „S." usw. abkürzen. Die bloße Darstellung durch römische und arabische Ziffern sollten Sie hingegen auf die Lösungsskizze beschränken und sie im Gutachten zugunsten der optischen Übersichtlichkeit vermeiden.

Beispiel: besser „§ 812 Abs. 1 S. 1 Var. 1" anstatt „§ 812 I 1 1"

Stichworte anstatt ganzer Sätze sind tabu, im Gegensatz zur Lösungsskizze. Der Leser erwartet vollständige Sätze, die mindestens ein Subjekt und ein Prädikat haben. Nur in der allergrößten Zeitnot – zur Zeiteinteilung noch später – können Sie ausnahmsweise in den letzten Minuten der Bearbeitungszeit einzelne Stichworte nutzen, um das Gutachten rechtzeitig zu beenden. Ein einfacher feststellender Satz ist aber auch dann vorzugswürdig und kostet kaum mehr Schreibzeit.

Beispiel: besser „T handelte rechtswidrig." anstatt „Rechtswidrigkeit (+)"

2. Rechtschreibung, Grammatik, Zeichensetzung, Wortbedeutung und -sinn, Sprachgefühl

Selbstverständlich muss Ihr Gutachten die **allgemeinen Sprachregeln** wahren. In der Klausur haben Sie keinen Duden und kein Rechtschreibprogramm, daher müssen Sie diese Regeln beherrschen oder erforderlichenfalls üben. Über den ein oder anderen Fehler sieht der Prüfer zwar hinweg, aber gehäufte Fehler können zu Punktabzug führen und beeinträchtigen den Gesamteindruck.

Das gilt übrigens ohne Abstriche auch, falls **Deutsch nicht Ihre Muttersprache** sein sollte. Ihre Prüfer beherrschen Deutsch auf Muttersprachniveau und Ihr Gutachten wird mit den Gutachten von Muttersprachlern verglichen. Es wird erwartet, dass Sie sich im Referendariat und als Praktiker vor den Gerichten verständlich machen können, und die Gerichtssprache ist gemäß § 184 S. 1 GVG deutsch.

Es wiegen hier aber auch einzelne Fehler schwer, wenn diese sich auf den **Sinn und die Verständlichkeit** auswirken.

Beispiele:

„Komm wir essen Oma." hat eine ganz andere Bedeutung als „Komm wir essen, Oma."

„Martin gibt die Fackel, die er vorher angezündet hatte, an Anja." meint etwas anderes als „Martin gibt die Fackel an Anja, die er vorher angezündet hatte."

Ein „viel versprechender" Politiker ist nicht zwingend auch „vielversprechend".

„Eigentum" und „Besitz" sind keine Synonyme.

Es ist ein Unterschied, ob man „dieselbe" (§ 604 BGB, Leihe) oder nur „die gleiche" (§ 607 BGB) Sache zurückgeben muss.

„Können", „dürfen", „müssen" und „sollen" sind keine Synonyme.

Insbesondere Konjunktionen und andere **Bindewörter** müssen Sie dem Sinn entsprechend einsetzen.

Beispiele:

Wenn in einem Satz „zwar" auftaucht, dann sollte darauf ein Satz mit „aber" folgen, und dieser Satz sollte eine Aussage treffen, die im Gegensatz zum ersten Satz steht.

Wer das Haus verlässt, „weil" es brennt, handelt nachvollziehbar, während der, der dies tut, „obwohl" das Haus brennt, einen Psychologen aufsuchen sollte.

Achten Sie ferner darauf, dieselben aufeinander folgenden Wörter durch **Synonyme** zu ersetzen, um den Text abwechslungsreicher zu gestalten. Das gilt insbesondere für Konjunktionen und Verben.

Beispiel:

„sagen", „meinen", „ausführen", „erörtern"

„ferner", „außerdem", „darüber hinaus", „zudem"

Die Darstellung aller Sprachregeln kann dieses Lernbuch nicht ansatzweise leisten, dafür gibt es andere Werke. Die **Sprachbeherrschung** und das **Sprachgefühl** entwickeln sich ohnehin nur durch **Üben** fort, egal welche Fähigkeiten Sie in der Schulzeit erworben haben. Es ist daher wichtig, dass Sie fortlaufend – bitte auf entsprechendem Niveau – **Texte verfassen** und **Texte lesen**.

Das ist auch deshalb wichtig, weil **sprachliche Unklarheiten auf gedankliche Unklarheiten hindeuten**. Wer nicht präzise und treffend schreiben kann, der kann auch nicht präzise und treffend denken. Die Schulung Ihres Sprach- und Schreibvermögens kommt also auch Ihrem Denkvermögen, welches vor allem im zweiten Arbeitsbereich gefordert wird, zugute.

3. Fremdwörter und Fachbegriffe

Das Gutachten ist in deutscher Sprache zu schreiben, daher müssen Sie **Fremdwörter vermeiden**, aber auch **veraltete deutsche** Begriffe.

Beispiele:

Es wird keine „Deadline" gesetzt, sondern eine „Frist".

Der Pkw hat die Hauswand nicht „peripher tangiert", sondern „gestriffen".

Wenn der Begriff „Hain" nicht ausdrücklich im Sachverhalt steht, dann sollten Sie besser vom „Wäldchen" sprechen.

Feststehende **Fachbegriffe** sind hingegen erlaubt und gewollt, auch wenn Sie oft aus einer anderen Sprache stammen. Der Prüfer als Adressat des Gutachtens ist vom Fach, und unter Fachleuten erleichtern Fachbegriffe die Kommunikation. Zudem liest der Prüfer oft Ihre Klausur nicht Wort für Wort, sondern er **überfliegt** sie nur. Die Fachbegriffe binden seine Aufmerksamkeit und zeigen ihm auf einen Blick, worum es im jeweiligen Abschnitt geht. Daher schadet es auch nicht, derartige Schlüsselwörter **besonders leserlich** zu schreiben, damit Sie dem Prüfer leichter auffallen.

Beispiele: „self-executing Norm"; „cessio legis"; „in dubio pro reo"; „Rechtsbindungswille"

Wichtig ist aber, dass **Fachbegriffe nicht die Begründung mit Sachargumenten** ersetzen und auch **nicht die methodisch korrekte Definition und Subsumtion**. Insofern stellt der Prüfer sich unwissend. Sie müssen ihm erklären, was sich hinter dem Begriff verbirgt. Den Fachbegriff nennen Sie nur als „Sahnehäubchen" und um den eilig lesenden Prüfer einzufangen.

Beispiel:

Falsch ist daher „Es könnte ein Angebot vorliegen. Die Auslage im Schaufenster ist eine invitatio ad offerendum, daher liegt kein Angebot vor."

Korrekt ist vielmehr „Ein Angebot könnte vorliegen. Als Willenserklärung erfordert insbesondere Rechtsbindungswillen des V, d.h. aus objektiver Sicht den Willen, sich mit allen Vor- und Nachteilen rechtlich zu binden. V wollte nicht das Risiko eingehen, mehr Kaufverträge abzuschließen, als er Staubsauger auf Lager hatte. Daher wollte V aus objektiver Sicht durch die Auslage im Schaufenster lediglich Kaufinteressenten zur Angebotsabgabe auffordern (sog. invitatio ad offerendum), sich selbst aber nicht rechtlich binden. V hatte somit keinen Rechtsbindungswillen, also liegt kein Angebot vor."

4. Einfach statt kompliziert: Satzlänge, Passiv, Substantivierungen, Verneinungen

Ihre Ausführungen müssen **fachlich und sprachlich präzise** sein. Es ist aber ein weitverbreiteter Irrglaube, dass dies nur durch komplizierte Formulierungen gelingt. Das Gegenteil ist der Fall: Gerade fachlich komplexe Texte lassen sich leichter verfassen und leichter lesen, wenn sie **sprachlich relativ einfach** gehalten sind.

Sie sollten daher **relativ kurze Sätze** formulieren. Halten Sie sich an die Grundregel: **Pro Aussage ein Satz**. Ein Semikolon sollten Sie daher nur ganz ausnahmsweise setzen. Kommata dürfen Sie natürlich benutzen, aber mehr als zwei bis drei pro Satz sollten Sie vermeiden. Vermeiden Sie aber umgekehrt auch mehrere sehr kurze Sätze ohne jedes Komma, das wirkt sehr hektisch. Je länger der

Satz, umso wichtiger ist, dass die **wichtige Kernaussage** möglichst **am Anfang** des Satzes stehen sollte.

Sie sollten Verben **grundsätzlich** im **Aktiv** verwenden. Falls Sie das **Passiv** verwenden, dann bitte mit **Nennung des Objekts** (also der handelnden Person), damit nicht offen bleibt, wer gehandelt hat. Ein bewusster Wechsel zwischen beiden Formen kann dann durchaus geschickt wirken, denn mit dem Aktiv betonen Sie den Handelnden und mit dem Passiv das Objekt der Handlung.

Beispiel: Entweder „X hat den Garagenbau genehmigt.", wenn Sie betonen wollen, dass nicht etwa Y genehmigt hat. Oder „Der Garagenbau wurde von X genehmigt.", wenn wichtig ist, dass der Bau des Tennisplatzes hingegen nicht genehmigt wurde. Keinesfalls aber „Der Garagenbau wurde genehmigt.", denn dann ist nicht klar, ob X oder Y genehmigt hat.

In der Regel gibt es **keinen Grund dafür, Verben** massenhaft **zu substantivieren**, d.h. sie mit der Endung „-ung" zu einem Substantiv zu machen. Es entsteht dadurch schnell ein gequältes Behördendeutsch. Ferner wird der Text länger, denn der Satz benötigt dann eine neues Verb. Allgemein gebräuchliche Substantivierungen können Sie hingegen verwenden, und Sie sollten sie verwenden, wenn es sich bei Ihnen um Fachwörter handelt, nach welchen der Prüfer sucht.

Beispiel: „Die Erteilung der Genehmigung wurde von X vorgenommen." ist sprachlich furchtbar. Eher „Die Genehmigung wurde von X erteilt." Das lässt sich zwar weitergehend kürzen zu „Es wurde von X genehmigt.", aber „Genehmigung" ist ein allgemein und auch vielfach im Gesetz (vgl. § 184 BGB) verwendetes Wort. Ferner sollten Sie im Rahmen des § 28 VwVfG besser „Die Anhörung des B ist erfolgt." anstatt „X hat B angehört." schreiben, weil der Prüfer nach dem Wort „Anhörung" oft regelrecht sucht.

Doppelte Verneinungen sollten Sie in der Regel vermeiden und zu einer bejahenden Aussage auflösen, wenn Sie den Sachverhalt beschreiben. Soweit sie allerdings die rechtlichen Voraussetzungen einer Norm beschreiben, ist hier Vorsicht geboten, weil im Einzelfall eine Sinnverfälschung droht.

Beispiele:

Die „nicht unüberwindbare" Mauer ist eine „überwindbare Mauer".

Hingegen macht es einen Unterschied, ob ein pathologischer Zustand i.S.d. Definition des § 223 StGB „nicht nur unerheblich" oder sogar „erheblich" ist, wenn man davon ausgeht, dass es unerhebliche, mittelmäßige und erhebliche pathologische Zustände gibt.

5. Sachlichkeit

Die Sprache eines Juristen ist sachlich. Sein **Gedankengang darf allein von sachlichen Erwägungen bestimmt** werden, das muss sich auch in seiner Sprache ausdrücken.

Gegen das Gebot der Sachlichkeit verstoßen **Übertreibungen** sowie **Polemik**. Letztere ersetzt ferner – wie auch Schlagwörter – nicht die Begründung einer Aussage mit Sachargumenten.

Beispiele: zweifellos; offensichtlich; der arme Verbraucher; die übermächtigen Konzerne

Moralische Werte wie Gerechtigkeit, Billigkeit, Rechtsgefühl, Vernunft oder der gesunde Menschenverstand sind **unmittelbar nicht** zur Argumentation geeignet. Jeder Mensch hat andere subjektive Wertvorstellungen, das Gesetz legt aber im Gegenteil objektive Werte fest und nur diese sind maßgeblich. **Mittelbar** können und müssen Sie derartige Werte allerdings anführen, soweit das **Gesetz** oder die anerkannte **Definition** ausnahmsweise auf sie verweist.

Beispiele:

§ 242 BGB stellt die gesamte Rechtsordnung unter das Prinzip von Treu und Glauben.

Ein sonstiger niedriger Beweggrund i.S.d. § 211 Abs. 2 StGB wird im Wesentlichen definiert als ein nach „allgemeiner sittlicher Wertung" auf tiefster Stufe stehendes Motiv, das „besonders verwerflich" ist.

Öffentliche Ordnung i.S.d. Ordnungsgesetze der Länder wird im Wesentlichen definiert als Gesamtheit der „ungeschriebenen Regeln", die nach der „vorherrschenden Auffassung unerlässliche Voraussetzung für ein geordnetes Gemeinschaftsleben" sind.

Auch aus **rechtshistorischen Gründen** müssen Sie insbesondere im Strafrecht mit derartigen Wertbegriffen sehr vorsichtig sein, abgesehen von den wenigen anerkannten Ausnahmen. Im Dritten Reich machte sich nämlich nicht nur derjenige strafbar, der gegen die Strafgesetze verstieß, sondern auch, wer „nach dem Grundgedanken eines Strafgesetzes und nach gesundem Volksempfinden Bestrafung verdient." (sic!). Nach dem zweiten Weltkrieg wurden Art. 20 Abs. 3, 103 Abs. 2 GG und § 1 StGB eingeführt, um dies künftig zu verhindern.

Auch **Ironie, Spott und Witz** sowie **Phrasen und Modewörter** tragen nicht zur Sachlichkeit bei.

Beispiele: „die vollschlanke Käuferin"; „ich würde sagen"; „cool"

Rein **faktische** Argumente haben keinen Wert, denn es geht gerade nicht darum, das zu beurteilen, was faktisch ist, sondern was nach dem Gesetz sein soll/muss/kann/darf.

Beispiel: Es wäre grob falsch, in einer innerstädtischen Autofahrt mit 60 km/h keinen Verstoß gegen § 3 Abs. 3 S. 1 Nr. 1 StVO zu sehen, weil ohnehin die meisten Verkehrsteilnehmer 10 km/h zu schnell fahren.

Die Sachlichkeit leidet ferner, wenn die **eigene Meinung** überbetont wird oder wenn **Autoritäten** angeführt werden, die sich zu einer bestimmten Auffassung bekennen. Entscheidend für die Sachlichkeit ist alleine das Sachargument.

Beispiele: Anstatt „Wie schon der berühmte Professor Dr. Dr. mult. NN zu Recht gesagt hat..." oder „Ich bin aus guten Gründen dafür ..." besser „Dafür spricht das Rechtsstaatsprinzip."

Der Fall spielt grundsätzlich in seinem eigenen **zeitlosen Paralleluniversum**, auch wenn deutsches Rechts gilt. Er sollte daher nicht mit **politischen Ereignissen** in Zusammenhang gebracht werden. Anders ist es nur, wenn diese Ereignisse im Sachverhalt explizit genannt werden oder wenn sie der historischen Auslegung der Norm dienen.

Beispiele:

Der Sacherhalt beginnt so: „Angesichts der zu hohen Feinstaubwerte beschließt ...".

§ 313 BGB basiert auf Rechtsprechung, die maßgeblich zur Ölpreiskrise in den 1970er-Jahren ergangen ist.

Unzulässig ist es auch, für im Text verwandte Amtsbezeichnungen **reale Namen** zu nennen.

Beispiel: „Der Bundespräsident ordnet an", nicht „Bundespräsident Steinmeier ordnet an"

III. Schwerpunktsetzung durch Schreibstil

Im zweiten Arbeitsbereich haben Sie die kleineren und größeren **konkreten Schwerpunkte** Ihrer Lösung festgelegt.

Nun gilt es, dem Prüfer diese Überlegungen zu präsentieren, aber nicht durch eine ausdrückliche Kennzeichnung nach dem Motto „Jetzt wird der Vorsatz geprüft, ein Schwerpunkt des Falls". Vielmehr verdeutlichen Sie alleine durch **die Wahl des Schreibstils und die Länge der Ausführungen**, wie problematisch ein Punkt ist. Es gilt also auch hier: **Die Problemdichte steuert die Darstellungstiefe**.

- Die **besonders problembehafteten Schwerpunkte** stellen Sie im **ausführlichen Gutachtenstil** dar.
- Für die kleineren, **etwas problematischen „Schwerpünktchen"** verwenden Sie den **verkürzten Gutachtenstil** oder den

verkürzten Urteilsstil. Der verkürzte Gutachtenstil steht dabei tendenziell für einen etwas stärkeren Problemgrad als der verkürzte Urteilsstil, der Übergang ist insofern aber fließend.

- Für absolut **Unproblematisches**, also Punkte, die Sie in erster Linie der Vollständigkeit halber ansprechen, wählen Sie die schlichte **Feststellung**.

Es ist ein weitverbreiteter Irrglaube, dass in einem Gutachten nur Gutachtenstil verwendet werden dürfte. Sie müssen **auch im ersten Examen und sogar bei Semesterabschlussklausuren ab dem ersten Semester** mit dem verkürzten Urteilsstil und Feststellungen arbeiten. Sonst können Sie Ihr Gutachten nicht innerhalb der **Bearbeitungszeit** fertigstellen, und nur so können Sie die **Schwerpunktsetzung** verdeutlichen. Zudem ist es nicht nur **falsch**, Problematisches kurz zu behandeln, sondern auch, Unproblematisches ausführlich darzustellen.

Der **ausführliche Urteilsstil** hat hingegen in der Tat nichts in einem Gutachten zu suchen, sodass Sie ihn bis zum ersten Examen **nicht benötigen**. Die Gerichte verwenden den ausführlichen Urteilsstil für die besonders problembehafteten Schwerpunkte. In einem Gutachten muss für diese aber der ausführliche Gutachtenstil benutzt werden.

1. Ausführlicher Gutachtenstil

Der ausführliche Gutachtenstil enthält die **vier Schritte**, die bereits im zweiten Arbeitsschritt bei der Subsumtion vorgestellt wurden. Zur Erinnerung und Ergänzung:

- **These:** „Könnte-Satz", Benennung des zu prüfenden Merkmals

  Beispiel: „A müsste/könnte den B i.S.d. § 123 Abs. 1 Var. 1 BGB getäuscht haben."; „Gemäß § 123 Abs. 1 Var. 1 BGB müsste A den B getäuscht haben."; „Nach § 123 Abs. 1 Var. 1 BGB müsste eine Täuschung des B durch A vorliegen/gegeben sein." – Auch hier gilt: Formulierungen wechseln.

- **Obersatz**: allgemeine Definition

  Beispiel: „Täuschung ist jedes Vorspiegeln, Entstellen oder Unterdrücken von Tatsachen. Tatsachen wiederum sind objektiv nachprüfbare und konkrete Begebenheiten, Ereignisse und Zustände."

- **Untersatz**: Benennung des konkreten Sachverhalts und Unterordnung (Subsumtion) desselben unter die Definition

  Beispiel: „A hat die Frage des B nach der Unfallfreiheit des Pkw verneint, obwohl der Pkw im Mai vergangenen Jahres auf einen anderen Pkw mit erheblicher Geschwindigkeit aufgefahren war. Die Unfallfreiheit eines Pkw ist ein Zustand, der objektiv durch eine (fachmännische) Besichtigung und Prüfung des Pkw nachprüfbar ist."

- **Schlussfolgerung**: Ergebnis

  Beispiel: „Folglich hat A dem B eine objektiv nicht gegebene Tatsache vorgespiegelt. Mithin hat A den B getäuscht."

a) Obersatz

Sie sollten **nicht** in einer Art **Vorspann** zunächst **alle Merkmale** der Norm nennen, bevor Sie mit der konkreten Prüfung des ersten Merkmals beginnen. Das ist unnötige Schreibarbeit, vor allem bei Normen mit vielen Merkmalen. Ferner wirkt ein solcher Vorspann sehr unbeholfen, wenn Sie bereits eines der ersten Merkmale verneinen und daher nicht alle Merkmale des Vorspanns prüfen.

Seien Sie im **Obersatz** sehr **sparsam** mit den Wörtern **„fraglich"** und **„problematisch"**. Nehmen Sie diese nur bei den wirklichen Hauptproblemen des Falls. Insofern „vergisst" der Prüfer nämlich, dass er sich eigentlich unwissend stellen sollte. Für ihn als gestandenen Juristen ist daher der Klausurfall zwar nicht trivial, aber eben auch nicht der komplizierteste Fall seiner bisherigen Karriere. Das gleiche gilt, wenn auch in abgeschwächter Form, für **„zweifelhaft"**. Wenn Sie einen Obersatz mit einem Wort aus dieser Gruppe einleiten wollen, dann nehmen Sie am besten **„entscheidend"**, wenn es sich um das **letzte Merkmal** handelt.

Beispiel: „...T handelte mithin rechtswidrig. Entscheidend für seine Strafbarkeit ist daher, ob er auch schuldhaft handelte...."

Ein **Obersatz** hat folgenden Inhalt:

- Im Zivilrecht **Gläubiger, Schuldner und Inhalt** des Anspruchs (Wer, von Wem, Was), im Strafrecht die Bezeichnung des **Straftatbestands,** der **Täter** sowie ggf. das/die **Opfer** und im öffentlichen Recht die beteiligten **Personen/Behörden** sowie das vorgeschriebene/begehrte **Verhalten.**

- Eine **Norm**, um zu belegen, woraus sich ergibt, dass die genannte Voraussetzung geprüft werden muss. Das sind in der Regel die Hauptnormen, also Anspruchsgrundlagen (Woraus), Straftatbestände und Ermächtigungsgrundlagen.

- Wenn der Obersatz die rechtliche Prüfung einer **Handlung** einleitet, auch diese Handlung, insbesondere wenn mehrere Handlungen in Betracht kommen. Dadurch machen Sie sich selbst und auch dem Prüfer klar, was Sie überhaupt prüfen. Es ist ein grober, aber leicht zu vermeidender Fehler, wenn Sie zunächst die Angebotsabgabe durch den Brief vom Mittwoch prüfen, aber dann mitten in der Prüfung plötzlich auf die E-Mail vom Freitag abstellen. Das Wort der Wahl ist hierbei **„indem"**.

Beispiele:

„T könnte sich gemäß § 223 Abs. 2 StGB strafbar gemacht haben, indem er den Stein warf.";

„K könnte ein Angebot abgegeben haben, indem er dem V am Dienstag eine SMS schickte."

Die **ersten beiden Schritte** können Sie auch zusammenzufassen, indem Sie statt (nicht: zusätzlich!) des Konjunktivs einen **Konditionalsatz** („wenn"/"sofern"/"soweit"/"falls") verwenden. Dadurch sparen Sie etwas Schreibarbeit, allerdings müssen dann auch alle Merkmale genannt werden.

Beispiel: „A hat B getäuscht, soweit er eine Tatsache vorgespiegelt, entstellt oder unterdrückt hat. Tatsachen sind..." oder noch knapper, dafür aber in der Satzlänge grenzwertig „A hat B getäuscht, soweit er eine Tatsache – also objektiv nachprüfbare und konkrete Begebenheiten, Ereignisse und Zustände – vorgespiegelt, entstellt oder unterdrückt hat."

Gegenbeispiel: Hingegen ist „V hat gegen K einen Zahlungsanspruch aus § 433 Abs. 2 Var. 1, soweit V und K sich über einen Kaufvertrag geeinigt haben." jedenfalls dann falsch, wenn sie danach noch die Nichtigkeit der Einigung oder das Erlöschen des Anspruchs problematisieren wollen.

b) Definition und Subsumtion

Das Beispiel zur Unfallfreiheit (oben 1.) zeigt, dass durchaus auch ein **mehrstufiges Definieren der Definition** erforderlich sein kann, bis der für eine Subsumtion erforderliche Konkretheitsgrad erreicht ist. Eine **gemeinsame Benennung und Definition gleichstufiger Merkmale** sollten Sie hingegen unterlassen. Wenn mehrere Merkmale problematisch sind, dann haben beide eine selbstständige ausführliche Prüfung verdient. Wenn eines der Merkmale unproblematisch ist, dann hat es im ausführlichen Gutachtenstil nichts verloren. Sie müssen jedem Merkmal seinen eigenen Stil zuweisen.

Beispiel: Wenn das Tatobjekt eindeutig eine Sache ist, aber Zweifel hinsichtlich seiner Fremdheit bestehen, dann nicht „1. Der Pkw müsste eine Sache sein und er müsste fremd sein. Sachen sind..." sondern „1. Der Pkw ist eine Sache. 2. Der Pkw müsste auch fremd sein. Fremd ist..." oder noch eleganter „1. Der Pkw ist zwar eine Sache, er müsste aber auch fremd sein. Fremd ist..." oder ebenso elegant „1. Der Pkw als Sache müsste auch fremd sein. Fremd ist...".

Die **Definition** ist abstrakt. Sie gilt für jeden Fall. Daher steht sie im **Präsens** („isst"). Die **Subsumtion** berichtet hingegen über einen abgeschlossenen Fall. Sie steht daher in den **Vergangenheitsfor-**

men der Schriftsprache. Dies sind das **Imperfekt** („aß") und für Vorzeitiges das **Plusquamperfekt** („hatte gegessen"). Das Perfekt („hat gegessen") gehört in die mündliche Umgangssprache und ist daher tabu.

Beispiel: Beleidigung **ist** die Kundgabe der Miss- oder Nichtachtung eines anderen. T **nannte** den O einen „bescheuerten Bielefelder", nachdem O dem T die Vorfahrt **genommen hatte**. Hierdurch **zeigte** T seine Missachtung gegenüber O.

Die **Subsumtion** enthält nur (!) alle (!) Sachverhaltsinformationen, die für die Abgleichung der Definition mit dem Sachverhalt **relevant** sind. Da Sie den ausführlichen Gutachtenstil gewählt haben, werden Sie hier einige Zeilen mit konkreten Sachverhaltsinformationen zu Papier bringen können. Hüten Sie sich vor **Zirkelschlüssen** ohne konkrete Sachverhaltsangaben.

Beispiel: Schreiben Sie nicht „Gesundheitsschädigung ist das Hervorrufen eines pathologischen Zustands. T hat bei O einen pathologischen Zustand hervorgerufen. Mithin hat T den O an der Gesundheit geschädigt.", sondern „...T brach O am Rand des Spielfelds das Bein, indem er ihn auf die Bandenwerbung schubste. Ein Beinbruch ist ein pathologischer Zustand. Also hat T den O an der Gesundheit geschädigt.".

Wenn Sie mangels Sachverhaltsangaben nicht ausführlich subsumieren können, dann haben Sie in der Regel den falschen Stil gewählt. Sie müssen dann die **schlichte Feststellung** wählen, **anstatt** mit **Pseudosubsumtionen** den Gutachtenstil vorzutäuschen.

Beispiel: Schreiben Sie nicht „T müsste schuldhaft gehandelt haben. Das ist hier der Fall." oder „T müsste schuldhaft gehandelt haben. Davon kann nach dem Sachverhalt ausgegangen werden.", sondern „T handelte schuldhaft.".

Auch zwischen **Definition und Subsumtion** sollten Sie einen **Absatz** machen, wenn beide länger ausfallen. Den Wechsel kennzeichnen Sie dann ferner dadurch, dass Sie die Subsumtion mit möglichst konkreten Sachverhaltsangaben beginnen, um sie von der abstrakten Definition abzugrenzen. Wenn Sie dies tun, dann können und sollten Sie mit Floskeln wie **„hier", „laut Sachverhalt"**, **„vorliegend"** oder **„im vorliegenden Fall"** in der Subsumtion sehr **sparsam** umgehen. Diese provozieren nämlich die Nachfrage des Prüfers, woraus sich die Information denn sonst ergeben soll, wenn nicht aus dem Sachverhalt des Aufgabentextes.

Beispiel:

„Wegnahme ist Bruch ..."

„Als T dem O am Sonntagvormittag auf dem Wochenmarkt das Handy aus der Hosentasche zog, brach er ..."

c) Ergebnis

Beim Gutachtenstil steht das **Ergebnis am Ende**. Den **vierten Schritt**, also die Ergebnisnennung, sollten Sie mit Wörtern garnieren, die zeigen, dass Sie aus dem dritten Schritt eine **Schlussfolgerung ziehen**. Das ist vor allem dann wichtig, wenn Sie wie im obigen Beispiel mehrere Schlussfolgerungen hintereinandersetzen.

Beispiele: „folglich"; „somit"; „also"; „mithin"; „demnach"; „demzufolge"; „dementsprechend"; „daher"; „sodass"

Ganz wichtig ist, dass Ihr **Ergebnis überhaupt vorhanden, konsequent und logisch korrekt** ist. Das Ergebnis ist der entscheidende Inhalt Ihres Gutachtens, auch wenn es erst am Ende steht und daher leicht in Vergessenheit gerät. Ohne Ergebnis ist Ihr Gutachten nicht verwendbar. Achten Sie daher auf Folgendes:

- **Zu jedem Obersatz gehört ein Ergebnissatz**. Sie öffnen mit jedem Obersatz eine Schachtel, die Sie auch wieder schließen müssen. Wenn Sie beim Öffnen der Schachtel 1 eine Schachtel 2 und in dieser eine Schachtel 3 finden, dann müssen Sie zuerst Schachtel 3, dann Schachtel 2 und zum Schluss Schachtel 1 schließen. Insbesondere nach mehrstufigem Abtauchen in eine anspruchsvolle Prüfung droht die Gefahr, dass man das Auftauchen durch die eigentlich triviale Formulierung des Ergebnisses vergisst. Hüten Sie sich vor dieser **Taucherkrankheit**.

  Beispiel: „V könnte gegen K einen Zahlungsanspruch aus § 433 Abs. 2 Var. 1 BGB haben. Das erfordert eine Einigung zwischen V und K über einen Kaufvertrag mittels zweier korrespondierender Willenserklärungen. Das hierfür erforderliche Angebot des K liegt vor, V müsste aber auch die Annahme erklärt haben. V hat zwar eine Annahmeerklärung abgegeben, diese müsste K aber auch zugegangen sein.
  [Ausführliche Prüfung mehrerer Zugangsprobleme]
  Folglich ist K die Annahmeerklärung des V zugegangen. Also haben K und V sich geeinigt, sodass zwischen K und V ein Kaufvertrag besteht. Mithin hat V gegen K einen Zahlungsanspruch aus § 433 Abs. 2 Var. 2 BGB."

- Der **Ergebnissatz** muss **den Obersatz widerspiegeln**, er muss ihn exakt beantworten. Sie sollten daher **vor der Formulierung des Ergebnissatzes einen Blick zurück auf den Obersatz** werfen, insbesondere wenn dazwischen ein ausführliche Definition und Subsumtion liegt. Auch deshalb ist es so wichtig, dass Sie bei der Prüfung von Handlungen diese im Obersatz benennen.

  Beispiel: Auf den Obersatz „T könnte sich gemäß § 263 Abs. 1 StGB gegenüber A zum Nachteil des B wegen Betrugs strafbar gemacht haben, indem er zu A sagte, der Pkw sei unfallfrei." lautet der Ergebnissatz „Mithin hat T sich (nicht) gemäß § 263 Abs. 1 StGB gegenüber A zum Nachteil des B wegen Betrugs strafbar gemacht, indem er zu A sagte, der Pkw sei unfallfrei.". Wenn Sie hingegen schreiben „Mithin hat Z sich (nicht) gemäß § 263 Abs. 1 StGB gegenüber X zum Nachteil des Y wegen Betrugs strafbar gemacht, indem er zu X sagte, der Pkw werde am Montag geliefert.", dann haben Sie im Laufe der Prüfung an mehreren Stellen inkonsequent gearbeitet.

- Der Obersatz wirft eine Unsicherheit auf, welche Sie durch Definition und Subsumtion klären. Der Ergebnissatz enthält die Quintessenz dieser Klärung, er darf daher **keine Unsicherheit** ausstrahlen.

  Schreiben Sie **beispielsweise nicht** „Also hat K wohl einen Anspruch gegen V." oder „Demnach dürfte T Vorsatz gehabt haben.".

Das Ergebnis sollten sie von der Subsumtion mit einem **Absatz** abgrenzen. Anstatt eines Gliederungspunkts (s.o.) können Sie ausnahmsweise anstatt eines ganzen Satzes ein Stichwort verwenden und dies ggf. unterstreichen.

Beispiel:

„..., sodass der Anspruch gemäß § 362 Abs. 1 BGB erloschen ist.

Ergebnis: Daher hat A gegen B keinen Anspruch aus § 280 Abs. 1 BGB (mehr)."

2. Verkürzter Gutachtenstil

Es ist möglich, dass **Ergebnis am Ende** eines Satzes oder weniger Sätze mitzuteilen, ohne die langwierige Herleitung des ausführlichen Gutachtenstils zu verwenden. Da der Leser dann aber nicht sofort erkennen kann, was der Prüfungsgegenstand ist, eignet sich dieser Stil nur für **kurze Begründungen**.

Beginnen Sie die Prüfung einfach direkt mit dem dritten Schritt, der **Subsumtion**. Abermals leistet das Wort **„indem"** gute Dienste, auch ein **„in Form"** kann helfen.

Beispiel: „Indem A dem B mit dem Baseballschläger ins Gesicht schlug, rief A bei B einen pathologischen Zustand in Form eines Nasenbeinbruchs hervor, mithin eine Gesundheitsschädigung."

3. Verkürzter Urteilsstil

Der Urteilsstil zeichnet sich dadurch aus, dass das **Ergebnis am Anfang** steht, gefolgt von der Begründung mittels Definition und Subsumtion. Es wird also keine These aufgeworfen, wodurch dieser Stil bei gleicher Begründungstiefe weniger Schreibarbeit erfordert. Sie können diesen Stil bei **kurzen Begründungen** gelegentlich verwenden.

Eine Begründung, die dem Ergebnis nachfolgt, kann mit Worten wie **„weil", „da", „denn"** eingeleitet werden. Diese sollten Sie allerdings **vermeiden**, denn bei nicht wenigen Prüfern lösen sie automatisch die Kritik aus, es werde der nicht zulässige Urteilsstil verwendet. Diese Gefahr vermeiden Sie, wenn Sie stattdessen die Begründung schlicht mit einem **„indem"** einleiten und/oder mit einem **„nämlich"** und/oder **„in Form"** abrunden. Wenn Sie dann diesen Stil nicht zu häufig einsetzen, dann wird dem ein oder anderen Prüfer nicht einmal auffallen, dass Sie ihn benutzt haben.

Beispiel: Besser nicht „A hat den B an der Gesundheit geschädigt, weil er durch den Schlag mit dem Baseballschläger einen Nasenbeinbruch, also einen pathologischen Zustand verursachte.", sondern „A hat den B an der Gesundheit geschädigt. Durch den Schlag mit dem Baseballschläger verursachte er bei B nämlich einen pathologischen Zustand in Form eines Nasenbeinbruchs.".

„Weil", „da" und „denn" können sprachlich betrachtet auch im Gutachtenstil untergebracht werden, wenn ein **Problem** oder ein **Meinungsstreit diskutiert** wird (Bsp.: „Für die erstgenannte Auslegung spricht die Systematik, denn § 164 BGB gilt für alle Willenserklärungen, weil er im BGB AT steht.").
Gleichwohl können diese Wörter auch an dieser Stelle bei oberflächlich arbeitenden Prüfern eine Alarmglocke auslösen. Es ist daher **sicherer**, wenn Sie sich bemühen, die Wörter auch in diesem Zusammenhang zu vermeiden (Bsp.: „§ 164 BGB steht im BGB AT. Er gilt daher für alle Willenserklärungen, sodass die Systematik für die erstgenannte Auslegung spricht.").

4. Schlichte Feststellung

Ein Ergebnis kann **ohne jede Begründung** schlicht festgestellt werden. Da Sie in der Klausur die wesentlichen Punkte durch ansprechende Begründungen sammeln, dürfen Sie diesen Stil nur verwenden, wenn es keine Begründung gibt, weder in tatsächlicher Hinsicht aus dem insofern schweigenden Sachverhalt noch rechtliche Argumente.

Es sei zudem noch einmal daran erinnert, dass Sie nicht **Prüfungspunkte eines Aufbauschemas ohne Fallbezug** nennen dürfen. Auch eine solche „Begründung" lassen Sie also weg.

Beispiele:

Nicht „Zwischen A und B besteht ein Kaufvertrag i.S.d. § 433 BGB, der weder durch Anfechtung noch Rücktritt noch Widerruf erloschen ist.", sondern schlicht „Zwischen A und B besteht ein Kaufvertrag i.S.d. § 433 BGB.".

Nicht „Mangels Rechtfertigungsgründen war die Tat des T auch rechtswidrig.", sondern schlicht „Die Tat des T war auch rechtswidrig.".

Sie können auch **mehrere Punkte** zusammen feststellen, wenn sie allesamt keine Begründung benötigen. Häufig bietet sich das im

Strafrecht an, wenn die Probleme nur im objektiven oder im objektiven und subjektiven Tatbestand liegen.

Beispiel: „T handelte auch (vorsätzlich,) rechtswidrig und schuldhaft."

IV. Argumentation

Es wurde schon mehrfach betont, dass eine ganz wichtige Punktequelle in der argumentativen Bewältigung einer Problemstellung liegt. Kernbestandteil sind dabei die **Sachargumente**, die Sie entweder **in genereller Form auswendig** kennen oder sich **selbst herleiten** müssen oder die Sie **in konkreter Form** aus dem konkreten Klausurfall **herleiten**. Generelle und konkrete Argumente stehen dabei nebeneinander und ergänzen sich.

Beispiel: „Für diese enge Auslegung des § 5 XY-Gesetz sprechen auch das Rechtsstaatsprinzip und die Systematik der §§ 4 bis 8 XY-Gesetz. Hinzu kommt, dass A bei einer weiten Auslegung aufgrund seines rechtmäßigen Verhaltens am Dienstag schlechter stünde als bei einem rechtswidrigen Verhalten am Mittwoch."

Es gilt aber auch, diese Sachargumente ansprechend zu „verpacken", zu verstärken und ins Rampenlicht zu rücken. Dies tun Sie mittels **Argumentationstechniken**. Diese können Sie an mehreren Stellen in der juristischen Fallbearbeitung einsetzen, nämlich bei der systematischen und teleologischen Auslegung, bei der Definition und Subsumtion (auch unter die Tatbestände der Analogie und der systematischen Auslegung) und bei der Diskussion von Rechtsproblemen alias Entscheidung von Meinungsstreitigkeiten.

Ferner helfen Ihnen die Techniken auch im **Alltag**. Sie werden merken, dass es nicht bei jedermann auf Gegenliebe stößt, wenn sie ein Problem in mehrere Einzelprobleme zerlegen und diese ruhig und sachlich-logisch diskutieren, anstatt in gehobener Lautstärke und mit Drohgesten zusammenhangslose und unstrukturierte Pseudoargumente zu rufen. Lassen Sie sich hiervon **nicht beirren** und denken Sie an den Spruch „Ich würde mich gerne geistig mit Dir duellieren, aber wie ich sehe, bist Du unbewaffnet.".
Sie müssen diese **Denk- und Argumentationstechniken** für Ihre Examina und Ihren künftigen Beruf **üben**, denn nur mit ihnen erzielen Sie gute Noten, und Ihre beruflichen Gegenspieler werden bis an die Zähne geistig bewaffnet sein. Ihr Studium wird Sie daher auch als Mensch prägen. Mit Rücksicht auf Ihr soziales Umfeld sollten Sie aber schauen, dass Sie es nicht übertreiben.

a) Logische Richtigkeit / Aussagelogik

Sie müssen die **Regeln der Aussagenlogik** beherrschen, dem Gesetz die jeweils benutzte Regel durch Auslegung entnehmen können und diese sodann bei ihren eigenen Formulierungen auch wahren. Zu den Regeln gehören insbesondere:

- der Unterschied zwischen einerseits **kumulativ** („und") und andererseits **alternativ** (ausschließliches „oder"),

  Beispiel: Gemäß § 434 Abs. 1 S. 2 Nr. 2 BGB ist die Kaufsache nur frei von Sachmängeln, wenn sie kumulativ alle dort genannten, mit zwei „und" verknüpften Attribute aufweist. Daraus folgt im Umkehrschluss, dass sie bereits dann mangelhaft ist, soweit sie alternativ nicht für die gewöhnliche Verwendung geeignet ist oder nicht die übliche Beschaffenheit oder nicht die erwartete Beschaffenheit aufweist.

- der Unterschied zwischen **ausschließlichem** und **nichtausschließlichem „oder"**,

  Beispiel: Während im vorherigen Beispiel das „oder" im ausschließlichen Sinne gemeint ist, enthält z.B. § 172 Abs. 2 BGB ein nichtausschließliches „oder". Nach dieser Norm erlischt die Vertretungsmacht, sobald die Vollmachtsurkunde entweder nur zurückgegeben oder nur für kraftlos erklärt oder – erst recht – sowohl zurückgegeben als auch für kraftlos erklärt wird.

- der Unterschied zwischen

  - einer **hinreichenden Bedingung** (der Erfolg tritt ein, es geht aber auch anders),

    Beispiele:

    Das Trinken von Tee stillt den Durst, das Trinken von Wasser aber auch.

    Durch Rückgabe der Urkunde erlischt die Vollmacht, durch Kraftloserklärung aber auch (§ 172 Abs. 2 BGB).

  - einer **notwendigen Bedingung** (anderenfalls tritt der Erfolg nicht ein, es muss aber noch mehr hinzukommen)

    Beispiele:

    Zum Teekochen benötigt man Wasser, aber zusätzlich auch Teeblätter.

    Eine Strafbarkeit erfordert die Rechtswidrigkeit der Tat, aber sie muss zusätzlich auch schuldhaft begangen sein.

  - und einer **äquivalenten Bedingung** als Kombination der beiden vorgenannten Bedingungen (der Erfolg tritt ein, und zwar nur auf diese Weise),

    Beispiele:

    Tag und Nacht sind gleich lang, wenn die Sonne über dem Äquator steht.

    Gemäß § 1 BGB beginnt die Rechtsfähigkeit des Menschen ausschließlich mit der Vollendung seiner Geburt.

- und schließlich die damit zusammenhängende Frage, ob eine Aussage **bikonditional** ist, also einen **Gegenschluss** in die andere Richtung zulässt, was nämlich nur bei äquivalenten Bedingungen möglich ist.

Beispiele:

Teetrinken stillt den Durst, aber nicht jeder, der seinen Durst stillt, trinkt Tee (sondern vielleicht auch Wasser). Zum Teekochen benötigt man Wasser, aber nicht jeder, der Wasser hat, kann auch Tee kochen (er benötigt nämlich zudem Teeblätter).

Hingegen sind Tag und Nacht gleichlang, wenn die Sonne über dem Äquator steht, und wenn die Sonne über dem Äquator steht, dann sind Tag und Nacht gleich lang. Die Rechtsfähigkeit beginnt mit der Vollendung der Geburt, also ist jeder rechtsfähig, dessen Geburt vollendet ist.

b) Argumentationsmittel und -figuren

Mit den folgenden „Showelementen" können Sie **Sachargumente ansprechend und prägnant darstellen**. Aber nochmal: Sie verstärken die Sachargumente, sind selbst aber keine. Das sehen Sie schon daran, dass manche der folgenden Argumentationsmittel zu unmittelbar gegensätzlichen Ergebnissen führen.

Erst-Recht-Schlüsse sind in gegensätzliche Richtungen möglich: **a maiore ad minus** (vom Größeren zum Kleineren: wenn die Norm sogar für Pkw gilt, dann erst recht für Fahrräder, aber nicht für Lkw) oder **a minore ad maius** (vom Kleineren zum Größeren: wenn die Norm für Pkw gilt, dann erst recht für Lkw, aber nicht für Fahrräder).

Beispiel: Verwendungsersatz nach §§ 994 ff. BGB erfordert nach der systematischen Stellung hinter §§ 985, 986 BGB, dass der Besitzer im Zeitpunkt seiner Verwendungen die Sache nicht besitzen durfte. Nach h.M. soll aber erst recht derjenige Besitzer den Verwendungsersatz erhalten, der die Sache zunächst besitzen durfte und sein Besitzrecht erst später verliert. Denn wenn – jetzt kommt das Sachargument – der Anspruch sogar dem anfänglich rechtswidrigen Besitzer zusteht, dann soll erst recht der schutzwürdigere, anfänglich rechtmäßige Besitzer den Anspruch haben.

Sie können auch einen **Umkehrschluss** ziehen (wenn im Fall A ja, dann im Fall B nein) oder eine Norm zum **allgemeinen Rechtsgedanken** erklären (wenn A, dann auch B). Sie können das auch mit den Erst-Recht-Schlüssen kombinieren.

Beispiel: Die Erklärung des Bürgen muss gemäß §§ 766 S. 1, 126 BGB schriftlich erfolgen. Diese Norm könnte den allgemeinen Rechtsgedanken beinhalten, dass die Bestellung von Personalsicherheiten immer schriftlich geschehen muss, weil sie – jetzt kommt das Sachargument – gefährlicher als dingliche Sicherheiten (Grundschuld, Faustpfandrecht) sind.
Demnach müsste auch die Garantie und der Schuldbeitritt schriftlich erfolgen, und zwar erst recht deshalb, weil sie – jetzt kommt das Sachargument – nicht bzw. nicht vollständig von der gesicherten Forderung abhängig sind und daher für den Sicherungsgeber sogar gefährlicher sind als die Bürgschaft. Gleichwohl zieht die h.M. aus § 766 S. 1 BGB den Umkehrschluss, dass nur die Bürgschaft schriftlich erklärt werden muss, denn – jetzt kommt das Sachargument – als Ausnahmevorschrift zur in § 125 BGB verbrieften Formfreiheit ist § 766 S. 1 BGB eng auszulegen.

Mit einem **Vergleich (argumentum a simili)** zweier Fallkonstellationen können Sie darlegen, ob und wie stark diese sich in einer bestimmten Hinsicht gleichen oder unterscheiden. Diese Argumentationsfigur ist Standardinhalt jeder Prüfung einer Analogie bzw. teleologischen Reduktion.

Beispiel: Die §§ 177, 179 BGB gelten sowohl für den Vertreter ohne Vertretungsmacht als auch (analog) für den Boten ohne Botenmacht. Beide Fälle sind angesichts des Regelungszwecks dieser Normen im Wesentlichen gleich. Der Empfänger ist nämlich – jetzt kommt das Sachargument – gleichermaßen schutzwürdig, unabhängig davon, ob ihm die Erklärung von einem Boten als fremde oder von einem Vertreter als eigene Erklärung im Namen eines anderen übermittelt wird.

Ein **Umgehungsargument** können Sie entwickeln, indem Sie erstens die Folgen eines möglichen, von Ihnen aber nicht für korrekt gehaltenen Ergebnisses Ihrer Argumentation darstellen und dann zweitens – aber bitte mit Sachargumenten – darlegen, weshalb diese Folge nicht vom Gesetzgeber gewollt ist.

Beispiel: Die Formvorschrift des § 311 b Abs. 1 S. 1 BGB muss auch auf Vorverträge anwendbar sein, d.h. auf Verträge, welche die Verpflichtung beinhalten, zu einem späteren Zeitpunkt einen unter den Wortlaut des § 311 b Abs. 1 S. 1 BGB fallenden Verpflichtungsvertrag abzuschließen.
Anderenfalls wäre nämlich jeder Vorvertrag formlos vereinbar (Umkehrschluss aus § 125 S. 1 BGB). Es würde dann also formlos die einklagbare und vollstreckbare (vgl. § 894 ZPO) Verpflichtung entstehen, ein Grundstücksgeschäft zu tätigen. Dadurch würde aber – jetzt kommt das Sachargument – der Sinn und Zweck des § 311 b Abs. 1 S. 1 BGB unterlaufen. Er ordnet die notarielle Beurkundungspflicht an, damit die Vertragspartner vor Entstehen einer solchen Verpflichtung vom Notar über ihre Folgen belehrt und vor ihnen gewarnt werden.

Schließlich können Sie eine (bereits oben erwähnte) **Regel-Ausnahme-Argumentation** aufbauen. Sie basiert auf der Grundannahme, dass normalerweise Grundsätze jeden erdenklichen Fall erfassen sollen und daher weit zu verstehen sind, während Ausnahmen punktuelle Wirkung entfalten sollen und daher eng zu verstehen sind. Beachten Sie aber, dass mitunter nicht leicht zu erkennen ist, was die Regel und was die Ausnahme ist.

Beispiel: Hinsichtlich rückwirkender Gesetze ist zu differenzieren:
Eine rückwirkende Festlegung des zeitlichen Anwendungsbereichs (echte Rückwirkung) ist grundsätzlich unzulässig und nur ausnahmsweise erlaubt. Denn – hier kommt das Sachargument – das Vertrauensprinzip als Teil des Rechtsstaatsprinzips aus Art. 20 Abs. 3 GG gebietet Verlässlichkeit für vergangene Zeiträume.
Eine bloß in die Zukunft gerichtete Regelung, die (auch) Sachverhalte betrifft, die zwar in der Vergangenheit begonnen haben aber noch nicht abgeschlossen sind (unechte Rückwirkung), ist hingegen grundsätzlich erlaubt und nur ausnahmsweise unzulässig. Das ergibt sich – hier kommt das Sachargument –

aus dem Demokratieprinzip des Art. 20 Abs. 2 GG, welches es gebietet, dass der jeweils amtierende Gesetzgeber die derzeitigen und (bis zur erneuten Gesetzesänderung) künftigen rechtlichen Verhältnisse gestalten können muss.

V. Meinungsstreitigkeiten

Im Rahmen des zweiten Arbeitsbereichs wurde bereits erörtert, wie Sie an einen Streit **gedanklich herangehen** müssen. Sie haben insbesondere erfahren, dass ein Meinungsstreit nichts anderes ist als eine **grenzwertige** (häufiger) **Auslegung bzw. Definition** oder eine **grenzwertige** (seltener) **Subsumtion**, welche in der Vergangenheit häufiger Gegenstand von Urteilen und Literatur und dort unterschiedlich bewertet wurde. Sie müssen einen Meinungsstreit daher innerhalb dieser Prüfungsschritte verorten. Der Übergang zu einem ebenfalls kniffeligen, aber bislang nicht oder kaum diskutierten Rechtsproblem ist fließend. Der Unterschied liegt allenfalls darin, dass Sie ein solches Rechtsproblem vornehmlich mit selbst entwickelten Argumenten lösen müssen, während Sie einen Meinungsstreit eher mit klassischen, auswendig gelernten Argumenten bewältigen können. Diese Denkweise muss sich auch **in Ihrem schriftlich Gutachten wiederfinden**.

1. Hinleitung

Sie müssen zunächst **zu dem Tatbestandsmerkmal**, in dessen Rahmen der Streit spielt, **hinleiten**. Prüfen Sie – in der gebotenen Länge oder Kürze – alle vorherigen Tatbestände und Tatbestandsmerkmale normal durch.

Beispiele:

Vor einem strafrechtlichen Streit auf Ebene der Schuld prüfen Sie den Tatbestand und die Rechtswidrigkeit.

Vor einem Streit zur Anwendbarkeit der §§ 812 ff. BGB prüfen Sie vertragliche, vertragsähnliche und dingliche Ansprüche.

Mitunter spielt ein Streit **an mehreren Stellen** eine Rolle. Insbesondere kann umstritten sein, bei welchem Tatbestandsmerkmal oder Tatbestand sich eine Rechtsfrage auswirkt. Im Zivilrecht ist in Drei-Personen-Verhältnissen häufig umstritten, ob Person 1 direkt gegen die Person 3 einen Anspruch hat oder ob nur „übers Eck" Person 1 gegen Person 2 und Person 2 gegen Person 3 einen Anspruch hat. In diesen Konstellationen sollten Sie den Streit **an jeder Stelle ansprechen**.

Wenn Sie die Rechtsfrage **an erster Stelle vollumfänglich darstellen und lösen**, dann müssen Sie später knapp nach oben verweisen. Sie dürfen **keinesfalls** die Rechtsfrage **später unerwähnt** lassen oder gar darauf verzichten, komplette Tatbestände zu prüfen. Ihr Gutachten ist dann nicht vollständig. Dieser **Fehler** kostet viele Punkte und ist leicht vermeidbar.

Beispiel: Laut Fallfrage sind Ansprüche des A gegen B und gegen C zu prüfen.

„I. A könnte gegen B einen Zahlungsanspruch aus § X haben. [Prüfung der Tatbestandsmerkmale] ... Somit hat A grundsätzlich einen Anspruch gegen B. Im Ergebnis würde dies B zwar nicht unbillig belasten, denn B könnte dann von C gemäß § Y Regress nehmen. Jedoch müsste B damit das Risiko tragen, dass C insolvent wird. Dieses Risiko muss aber dem A auferlegt werden, denn ... A muss daher selbst versuchen, einen Anspruch aus § Z gegen C durchzusetzen. Im Ergebnis hat A gegen B also keinen Zahlungsanspruch.

II. A könnte gegen C einen Zahlungsanspruch aus § Z haben [Prüfung der Tatbestandsmerkmale]. ... Der Tatbestand des § Z ist somit erfüllt. Das trägt auch dem Umstand Rechnung, dass A das Insolvenzrisiko des C tragen soll, s.o. A hat daher gegen C einen Zahlungsanspruch aus § Z."

Wenn Sie die Rechtsfrage hingegen **zunächst offenlassen**, weil Sie es für richtig halten, sie erst später zu lösen, dann sollten Sie die Rechtsfrage an der ersten Stelle gleichwohl kurz erwähnen und begründen, weshalb Sie sie erst später lösen.

Beispiel: Zu prüfen ist die Strafbarkeit des Arztes A nach § 223 StGB, weil er dem Patienten P anlässlich einer Blinddarmoperation zugleich eine Zyste an der Leber entfernt hat. Die Entfernung der Zyste geschah dabei fachlich fehlerfrei, aber es ist zweifelhaft, ob P wirksam in sie eingewilligt hat.

„... 1. Der objektive Tatbestand müsste erfüllt sein. [Obersatz und Definition der Gesundheitsschädigung] ... Es wird zwar vertreten, dass ein Heileingriff, der nach den Regeln der ärztlichen Kunst erfolgt, nie eine Gesundheitsschädigung, sondern im Gegenteil eine Gesundheitsverbesserung sei. Dagegen spricht aber, dass es dann unerheblich wäre, wenn der Patient in den Eingriff – wie eben hier womöglich der P – nicht eingewilligt hat. Das Selbstbestimmungsrecht des Patienten (vgl. Art. 2 Abs. 2 GG und § 630 d BGB) würde umgangen. Auch ein kunstvoll Heileingriff ist daher tatbestandsmäßig, aber im Einzelfall gerechtfertigt. ...

2. [Subjektiver Tatbestand]...

3. Die Tat könnte rechtswidrig sein. Auch ein kunstvoller Heileingriff ist, wie ausgeführt, nur gerechtfertigt, soweit der Patient wirksam in ihn eingewilligt hat. Eine wirksame Einwilligung erfordert zunächst..."

2. Einleitung

Beim umstrittenen Merkmal angekommen, dürfen Sie nicht urplötzlich in den „Meinungsstreitmodus" verfallen. **Am Anfang steht das Gesetz** und nicht das Problem. Sie müssen daher **vom Gesetz zum Problem** darstellen.

Sie sollten daher die Phrasen **„Strittig/Umstritten ist, ob..." aus Ihrem Vokabular für ein Klausurgutachten streichen**. Sie sind nahezu prädestiniert dafür, direkt auf das Problem zu springen.

Bei der **abstrakten Wissensdarstellung** in **Skripten und Lehrbüchern** haben diese Phrasen hingegen ihre Berechtigung, denn die Kenntnis von Streitigkeiten gehört zum abstrakten Examenswissen. Sie sind nur eben nicht geeignet für eine dogmatisch korrekte Falllösung.

Mit Phrasen wie **„Fraglich/Zweifelhaft ist, ob..."** sollten Sie – wie schon in anderen Zusammenhang erwähnt – zumindest **vorsichtig und sparsam** sein. Sie sollten Sie jedenfalls nicht zu Beginn einer der Prüfung des jeweiligen Merkmals nutzen, sondern erst, nachdem Sie möglichst konkret und präzise mit dem Gesetz gearbeitet und die Problemdarstellung vorbereitet haben.

Am unverfänglichsten ist es oft, schlicht einen Obersatz mit **Konjunktiv** zu bilden oder hin und wieder das Wort **„möglicherweise"** zu nutzen.

Beispiele:

„§ X erfordert ... Vom Wortsinn her erfasst das nur ... . Es könnten aber gleichwohl auch ... erfasst sein."

„Alle Tatbestandsmerkmale des § Y sind somit erfüllt. Möglicherweise tritt die Rechtsfolge dieser Norm aber nur ein, wenn zusätzlich als ungeschriebenes Merkmal ... vorliegt."

„A könnte gegen Z einen Anspruch aus § Z haben. Obgleich eine ausdrückliche Beschränkung nicht normiert ist, könnte die Norm aber bereits nicht anwendbar sein..."

3. Darstellung

Nach der Einleitung des Problems stellen Sie den eigentlichen Streit dar. Folgendes **Darstellungsschema** hat sich bewährt.

- Meinung 1
  - Darstellung der Meinung (Inhalt)
  - ggf. knappe Argumentation
  - Subsumtion
- Meinung 2
  - Darstellung der Meinung (Inhalt)
  - ggf. knappe Argumentation
  - Subsumtion
- ggf. Meinung 3 usw.
- Stellungnahme
  - Vergleich der Subsumtionsergebnisse
  - ausführliche Argumentation für und gegen die Meinungen, soweit verschiedene Ergebnisse
  - Ergebnis

Durch die **sofortige Subsumtion** unter jede Meinung und den **Vergleich** der Ergebnisse vor der ausführlichen Argumentation ist gewährleistet, dass Sie den Streit nur soweit entscheiden, wie eine Entscheidung Relevanz für die Falllösung hat. Als Einleitung der Subsumtion eignet sich besonders das Wort **„demnach“.**

Um überflüssige Argumentationen zu vermeiden und um für die Stellungnahme noch Argumente übrig zu haben, sollten Sie **vor der Subsumtion allenfalls knapp und wenig argumentieren**. Es kann aber erforderlich sein, zugunsten der **Verständlichkeit** der Darstellung einer Meinung ein Argument zu nennen.

Beispiel: Wenn Sie schreiben „Eine Möglichkeit ist, die Länge der Frist unter Berücksichtigung des Verhältnismäßigkeitsprinzips als Teil des Rechtsstaatsprinzips zu bestimmen.“, dann ist damit zugleich klar, welches Argument für diese Ansicht spricht.

Bei relativ **kurz darstellbaren Ansichten und offensichtlichen Subsumtionen** ist es auch vertretbar, die Ansichten direkt im Rahmen ihrer Darstellung zu diskutieren und dann auf eine gesonderte Stellungnahme zu verzichten.

Ein **Beispiel** dazu folgt am Ende dieser Gliederungsziffer.

Es sei nochmals daran erinnert, dass die **Lösung Ihres Klausurfalls nicht umstritten** sein kann, denn die Gerichte und die Literatur kennen Ihren Fall nicht. Umstritten ist in aller Regel die Auslegung bzw. die Definition eines Tatbestandsmerkmals. Manchmal ist auch die Subsumtion in vergleichbaren Fällen umstritten, aber nie die Subsumtion Ihres Klausurfalls, denn dieser hat ja erst bei Austeilung des Falltextes das Licht der Welt erblickt.

Beispiele: Denkbar sind also Formulierungen wie „Nach einer Ansicht ist Verwendung i.S.d. § 994 BGB so zu definieren, dass...“
oder „Nach anderer Ansicht genügt der bloße Anruf beim Hersteller eines Pkw regelmäßig nicht, um den Vorwurf der Bösgläubigkeit zu beseitigen.“.

Gegenbeispiele: Hingegen bitte nicht „Nach einer Ansicht ist A Verbraucher i.S.d. § 13 BGB.“ oder „Nach anderer Ansicht handelte T vorsätzlich.“ Noch schlimmer ist „Es ist umstritten, ob B zuständig war. Nach einer Ansicht war B zuständig...“.

Die **Punktebringer bei der Argumentation** sind dieselben, die Ihnen auch sonst bei Auslegung, Definition und Subsumtion zum Erfolg verhelfen: der Problemdichte angepasster **Schreibstil**, Anwendung der **Auslegungsmethoden**, Bejahung/Verneinung einer **Analogie** und einer **teleologischen Reduktion** im Rahmen der Prüfung Ihres **Tatbestands** sowie Subsumtion mittels selektiver Benennung der **relevanten Sachverhaltsangaben**.

Am **souveränsten und überzeugendsten** wirkt eine Streitdarstellung in einem Klausurgutachten, wenn Sie die Lösungsmöglichkeiten und Argumente als **Ihre eigenen** ausgeben und darstellen. Schreiben Sie nicht, was laut anderen für die Ansicht spricht, sondern direkt, was für die Ansicht spricht. Auch das hilft dabei, dass die Streitdarstellung nicht wie auswendig abgespultes Lehrbuchwissen wirkt, sondern sich nahtlos in das übrige, nach allen Regeln der methodischen Kunst verfasst Gutachten einfügt.

Auch insofern besteht ein **Unterschied** zur abstrakten Wissensdarstellung in **Skripten und Lehrbüchern**. Dort wäre es im Gegenteil wissenschaftlich unredlich, wenn fremde Überlegungen als eigene dargestellt würden.

Allenfalls **am Rande** ist hingegen interessant, ob Sie gerade die **„herrschende Meinung"** oder eine **„Mindermeinung"** referieren. Auch **schlagwortartige Bezeichnungen** der Ansichten (oft endend auf „-theorie") oder eine farblose Bezeichnung als „eine Ansicht", „andere Ansicht" und „vermittelnde Ansicht" haben allenfalls dann eine Daseinsberechtigung, wenn Sie diese Bezeichnungen in der weiteren Diskussion benutzen wollen, um schnellen Bezug auf die Ansicht zu nehmen. Sie sollten wie folgt differenzieren:

- Bei absoluten **Streitklassikern** ist es nicht falsch, die vertretenen Theorien beim Namen zu nennen. Allerdings gilt wie immer, dass Sie das Schlagwort nicht nur nennen, sondern auch seine Bedeutung erklären müssen. Die Bezeichnung „Mindermeinung" sollten Sie sich hingegen auch hier verkneifen, denn es kann sein, dass ausgerechnet Ihr Prüfer diese Meinung vertritt oder – noch schlimmer – maßgeblich begründet hat.

  Beispiel: Beim Streit zum Erlaubnistatbestandsirrtum sollten sie unumwunden von der „eingeschränkten Schuldtheorie" und nicht von „einer weiteren Ansicht" oder „einer am Schuldprinzip unter Berücksichtigung der Strafwürdigkeit des Teilnehmers ausgerichteten Theorie" sprechen.

- Bei den **übrigen Streitigkeiten** gibt es oft keine schlagwortartige Bezeichnung, es bleibt Ihnen also nur die Bezeichnung als „eine Ansicht", wobei dies für sich keinen Mehrwert hat. Sie können ebenso direkt mit der Auslegung/Argumentation starten.

  Beispiel: anstatt „eine am Wortlaut orientierte Ansicht" oder „eine Ansicht verweist auf den Wortlaut" einfach direkt „Der Wortlaut spricht dafür, dass..."

- Auf jeden Fall sollten Sie sämtliche Floskeln weglassen, wenn Sie sich **nicht sicher sind**, ob es sich um einen **Ihnen unbekannten Streit** oder aber „nur" um ein kniffeliges, aber **unstreitiges Rechtsproblem** handelt, zumal der Übergang wie gesagt fließend ist.

- Denn falls es sich um **einen Streit handelt** und Sie diesen schlicht mit dem methodischen Handwerkszeug lösen, ohne von „Ansichten" oder „Meinungen" zu sprechen, dann wird Ihnen der Prüfer keinen Vorwurf machen und im Gegenteil Ihre methodischen Fähigkeiten honorieren.
- Falls es sich hingegen **nicht um einen Streit handelt** und Sie gleichwohl von „Ansichten" sprechen (oder noch schlimmer raten und eine Möglichkeit als „herrschende Meinung" bezeichnen"), dann wird der Prüfer kritisieren, dass es einen solchen Streit nicht gibt. Schlimmstenfalls verblassen Ihre methodische brillanten weiteren Ausführungen hinter diesem formalen Kritikpunkt.

Abschließendes Beispiel mit Stellungnahme nicht gesondert am Ende, sondern direkt innerhalb der Darstellung der zweiten Ansicht**:** X will eine Christin als Arbeitnehmerin einstellen. X fragt A nach ihrer Religion. A sagt, sie sei Christin, obwohl sie Muslima ist. X stellt A ein. Als X von der Lüge erfährt, ficht er seine Vertragserklärung an.

„... Es könnte der Anfechtungsgrund des § 123 Abs. 1 S. 1 Var. 1 BGB für X bestehen. [Prüfung aller geschriebenen Merkmale]

Es liegen also alle geschriebenen Tatbestandsmerkmale vor. Über den **Wortlaut** des § 123 Abs. 1 Var. 1 BGB hinaus könnte gleichwohl die Rechtswidrigkeit der Täuschung erforderlich sein.

Gegen dieses zusätzliche Tatbestandsmerkmal spricht aber [nach e. A.] – neben dem **Wortlaut** – die **Systematik** des § 123 Abs. 1 BGB. Sie rechtfertigt einen **Umkehrschluss**: Für die Drohung ist die Rechtswidrigkeit explizit gefordert, also muss sie für die Täuschung entbehrlich sein. Demnach hat A einen Anfechtungsgrund.

Gleichwohl spricht [mit der h.M.] ein entscheidendes Argument für das Erfordernis der Rechtswidrigkeit. Es ist nämlich nicht **Sinn und Zweck** der Norm, eine Willenserklärung anfechtbar zu machen, die im Einklang mit der Rechtsordnung zu Stande gekommen ist. Dies ist ein **allgemeiner Rechtsgedanke**, der hinsichtlich der Drohung im Wortlaut verankert ist, der aber auch für die Täuschung gilt.

Demnach muss die Täuschung widerrechtlich sein, damit X anfechten kann. Angesichts §§ 7 u. 1 AGG durfte A auf die Frage nach Ihrer Religion lügen. Ihre Täuschung war daher nicht widerrechtlich. Somit besteht für X der Anfechtungsgrund des § 123 Abs. 1 Var. 1 BGB nicht."

Beachten Sie in dem Beispiel besonders, wie einerseits die **fettgedruckten Auslegungs- und Argumentationsmethoden** die Sachargumente strukturieren sowie verstärken und wie andererseits die **Hinweise auf die Meinungen in eckigen Klammern** ersatzlos gestrichen werden könnten, ohne dass der Inhalt oder die Überzeugungskraft der Darstellung leidet.

VI. Geschlossenheit und Nachvollziehbarkeit

Sie müssen darauf achten, dass Ihr gesamtes Gutachten logisch geschlossen und nachvollziehbar ist. Die entscheidenden Punkte hierzu wurden allesamt bereits erwähnt, hier nochmal als **zusammengefasste Erinnerung**:

- Der **allererste Obersatz** knüpft direkt an die (ausgelegte) **Fallfrage** an.

- Der Sachverhalt basiert auf einer **gedanklichen Kettenreaktion aus Dominosteinen**, die sich der Prüfer als Musterlösung des Falls zurechtgelegt hat. Ihre Lösung, egal ob Sie die Musterlösung trifft oder anders lautet, muss ebenso ohne Brüche als Kettenreaktion ablaufen. Wie bei einem guten Roman muss der Leser einen in sich stimmigen, logischen und überzeugenden Text vorfinden.

  Jeder weitere **Satz** muss daher direkt **an den vorherigen Satz** anknüpfen. Stellen Sie sich einen Leser vor, der nach jedem Satz denkt „Ach, das habe ich verstanden und das interessiert mich jetzt auch. Wie geht es denn weiter?". Diesen Leser müssen Sie an die Hand nehmen. Bei Unproblematischem dürfen Sie **nicht unnötig ins Detail** gehen, bei Problematischem dürfen Sie anders herum **keine zu großen gedanklichen Sprünge** machen. Exkurse zu **nicht lösungsrelevanten Themen** müssen natürlich gänzlich **unterbleiben**, denn Sie schreiben kein auf Vollständigkeit angelegtes Lehrbuch, sondern ein Gutachten, das auf die Lösung eines konkreten Falles fokussiert ist.

  Als **Beispiel** wurde oben ausgeführt, dass bei der Fallfrage, ob T sich durch den Steinwurf strafbar gemacht hat, in der folgenden Prüfung – vom Obersatz bis zum Ergebnis – nur auf den Steinwurf (und nicht auf den Fußtritt) abgestellt werden muss.

  Als **Beispiel** haben Sie ferner oben gelesen, dass bei einer möglichen Übereignung von A an B und sodann von B an C und der Frage, ob C Eigentümer ist, nicht direkt geprüft werden darf, ob A an B übereignet hat. Vielmehr ist zu prüfen, ob B an C übereignet hat und dabei dann inzident, ob er dazu berechtigt war, was von der Übereignung von A an B abhängt.

  Wenn **beispielsweise** dem Eigentümer von einer Behörde sein Pkw weggenommen wird, dann geht es um eine bewegliche Sache, die unproblematisch in den Schutzbereich des Art. 14 Abs. 1 S. 1 Var. 1 GG fällt. Ausführungen dazu, ob auch Forderungen, Rechte und Ansprüche gegen Sozialversicherungsträger erfasst sind, sind nicht lösungsrelevant und daher überflüssig und falsch.

- Mit **jedem Obersatz** öffnen Sie ein Schachtel und tauchen dabei weiter in rechtliche Tiefen hinab. Später müssen Sie zu jedem Obersatz einen **Ergebnissatz** formulieren, um die Schachteln wieder zu schließen und aufzutauchen. Vorsicht vor der **Taucherkrankheit**.

- **Am Anfang Ihrer Überlegungen steht** nie das Problem, sondern **das Gesetz**. Es ist nicht „einfach so" aus heiterem Himmel etwas „problematisch" oder „fraglich". Nennen Sie das gesetzliche Merkmal, definieren Sie es anständig mithilfe der Auslegungsmethoden (sowie ggf. unter Beachtung verschiedener Ansichten hierzu) und subsumieren Sie. Schauen Sie im Einzelfall, ob Definition und/oder Subsumtion relativ eindeutig sind oder ob sie näherer Prüfung bedürfen, und passen Sie die Länge und Tiefe Ihrer Ausführungen hieran an. Denken Sie an das abschließende Ergebnis. Voilà. Ob Sie dabei dann einen „echten" Meinungsstreit gelöst haben oder „nur" eine problematische, aber im Ergebnis unstreitige Rechtsfrage erörtert haben, spielt dabei nur eine untergeordnete Rolle.

  Beispiel: Nicht
  „Problematisch und umstritten ist, ob das Wasser im Heizkessel mit einer Temperatur 70 ° Celsius heiß ist.",
  sondern
  „§ 5 XY-Gesetz erfordert, dass das Wasser, welches vorliegend eine Temperatur von 70 ° Celsius hat, „heiß" ist.
  Vom natürlichen Wortsinn her könnte hierunter Wasser zu verstehen sein, dass Menschen bei der Berührung als unangenehm oder gar schmerzhaft empfinden, was bereits ab 40 bis 50 ° Celsius der Fall sein kann.
  Das Wasser im Heizkessel hat aber bauartbedingt stets eine Temperatur von mindestens 65 ° Celsius. § 5 XY-Gesetz stellt weitergehende Anforderungen an „heißes" Wasser, daher muss dieses nach Sinn und Zweck der Norm eine höhere Temperatur als 65 ° Celsius haben.
  Allerdings bestimmt § 6 XY-Gesetz, dass Wasser mit einer Temperatur von mindestens 72 ° Celsius bereits „sehr heiß" ist. Nach der Systematik kann Wasser also nur „heiß" sein, wenn es weniger als 72 ° Celsius hat. Ferner legt das XY-Gesetz keinen Temperaturbereich fest, der zwischen „heiß" und „sehr heiß" angesiedelt ist.
  Demnach ist jedenfalls Wasser mit einer Temperatur von 70 ° Celsius – wie im vorliegenden Fall – „heiß" i.S.d. § 5 XY-Gesetz."

B. Schlusskontrolle (10. Schritt)

Der 10. und letzte Arbeitsschritt besteht in einer abschließenden Kontrolle des ausformulierten Gutachtens. Je nachdem, wie erfolgreich Sie sich Ihre Zeit eingeteilt haben (näher dazu noch unten), haben Sie hierfür **nur wenige Minuten** oder gar **Sekunden** Zeit.

I. Vollständigkeit und Plausibilität

Kontrollieren Sie Ihr Gutachten auf Vollständigkeit und Plausibilität. Wegen der Zeitnot müssen Sie knallhart **Prioritäten** setzen und sich von den großen Fallstricken, die massiv Punkte kosten, zu den kleineren Stolpersteinen vorarbeiten:

- Enthält das Gutachten zu jeder Frage einen **ersten Obersatz**, ein **Endergebnis** und **passt** der Obersatz zur Frage sowie das Endergebnis zum Obersatz?
- Enthält das Gutachten im Übrigen aufeinander abgestimmte **Obersätze und Ergebnisse** auf den **einzelnen Gliederungsebenen**? Sehen Sie sich zuerst die oberen und dann die tieferen Gliederungsebenen an.
- Stimmen die **Personenbezeichnungen**? Stimmen die wesentlichen **Normzitate**?
- Sind alle **Sätze vollständig und verständlich**? Ist die **Rechtschreibung** im Wesentlichen gewahrt?

II. Nur im Notfall: Inhaltliche Änderungen

Oben haben Sie gelesen, dass Sie den Fall bei Erstellung der Lösungsskizze inhaltlich vollständig durchlösen müssen und dass die Erstellung des Gutachtens „nur" die Verschriftlichung der bereits feststehenden Lösung ist. Wenn Sie gleichwohl nach Fertigstellung des Gutachtens (oder während seiner Anfertigung) meinen, einen **inhaltlichen Fehler** entdeckt zu haben, dann **bleiben Sie vor allem ruhig**! Sie können die Vergangenheit nicht ändern. Sie können jetzt nur die verbleibende Zeit dazu nutzen, ruhig und effizient das Beste daraus zu machen.

Bevor Sie Ihre Lösungsskizze oder Ihr Gutachten nachträglich ändern, stellen Sie sich **in Ruhe** folgende **Kontrollfragen:**

- Ist mein **Gehirn noch so fit**, dass ich noch in der Lage bin, den betreffenden Punkt mit der nötigen Sorgfalt zu hinterfragen, oder handelt es sich nur um stressbedingte Panik, wegen der ich den Wald vor lauter Bäumen nicht mehr sehe?
- Handelt es sich um einen **echten Fehler** oder ist nur ein andere Lösung ebenso gut vertretbar oder ist es gar nur eine Optimierung/Ergänzung der vorhandenen Lösung?
- Habe ich eine **konkrete Vorstellung,** was ich **statt des Bisherigen** schreiben will oder sehe ich nur den Fehler, kenne aber die korrekte Lösung nicht?

- Überblicke ich die **Auswirkungen**, die eine Korrektur an einer bestimmten Stelle **auf die Lösung an anderen Stellen** hat? Bleibt also die übrige Lösung **konsequent** oder zerstöre ich die von mir zuvor sorgsam aufgebaute Kettenreaktion aus Dominosteinen?
- Habe ich noch die nötige **Zeit**, um sämtliche erforderliche Korrekturen in der gebotenen **inhaltlichen und optischen Gründlichkeit** vorzunehmen?

Sodann **wägen Sie ab**: Ist es nach alledem **geboten und erfolgversprechend**, die inhaltliche Korrektur vorzunehmen? Oder überwiegt das **Risiko**, durch die Tilgung eines eher nebensächlichen Fehlers das gesamte Gutachten zu **„verschlimmbessern"**?

Falls Sie sich für die inhaltliche Korrektur entscheiden, dann tun Sie dies so, dass der **Prüfer** möglichst wenig durch optische Hindernisse dabei beeinträchtigt wird, den **Inhalt** der Korrektur und des bisherigen Textes zu erfassen. Es gilt insbesondere:

- Schreiben Sie eine **Seite komplett neu**, wenn die Änderungen nicht ganz geringfügig sind und die Zeit das zulässt.
- **Streichen** Sie hilfsweise **durch**, aber **ordentlich und gut erkennbar**. Unterlassen Sie wildes „Gekrakel". Nutzen Sie alternativ für einzelne Wörter einen **Tintenkiller** o.ä., wenn dies für ihre Klausur zulässig ist.
- **Einzelne Wörter** können Sie im Einzelfall **direkt im Text** (zwischen zwei Zeilen sowie am Zeilenanfang oder -ende) einfügen. Wenn Sie – wie oben empfohlen – großzügige Absätze gemacht haben, gestaltet sich dies leichter.
- Ganze **Sätze oder Absätze** müssen Sie notgedrungen mit einer **Fußnote** bzw. einem (nummerierten) **„*"** einfügen. Der Text dazu gehört nicht auf dem Korrekturrand, der ist für den Korrektor reserviert, und auch nicht auf die Rückseite. Schreiben Sie entweder unterhalb eines waagerechten Strichs am unteren Ende der Seite, oder auf ein neues Blatt, das sie direkt dahinter einordnen und mit einer entsprechenden Seitenzahl (z.B. „8a") versehen. Sorgen Sie dafür, dass der Verweis auf den Einschub **eindeutig und leicht verständlich** ist.

Dritter Arbeitsbereich: Gedankliche Begutachtung

Überblick

Ziel: richtige und nachvollziehbare Formulierung der Lösung

9. Schritt

Formulierung des Gutachtens

- **Übersichtlichkeit:**
  - **Lesbarkeit**
  - **Übersichtlichkeit**: wenig Überschriften, viele Absätze
- **allgemeine sprachliche Anforderungen**
  - **ganze Wörter und Sätze**, keine Abkürzungen oder Stichworte
  - **Rechtsschreibung** und **Grammatik**, Wortsinn und **Sprachgefühl**
  - **Fremdwörter** vermeiden, **Fachwörter** verwenden
  - **einfach statt kompliziert**: kurze Sätze, i.d.R. aktiv, keine Substantivierungen, keine (doppelten) Verneinungen
  - **Sachlichkeit**: keine Emotionen, objektiv
- **Schwerpunktsetzung durch Schreibstil**
  - **Gutachtenstil** für Kernprobleme: Obersatz, Definition, Subsumtion, Ergebnis
  - **verkürzter Gutachtenstil bzw. verkürzter Urteilsstil** für kleinere Probleme: Subsumtion, Ergebnis bzw. Ergebnis, Subsumtion
  - **schlichte Feststellung** für Eindeutiges: nur Ergebnis, ohne Begründung
- **Argumentation:** Logische Richtigkeit sowie Argumentationsmittel und -figuren
- **Meinungsstreitigkeiten:** Einkleidung in den üblichen Gutachtenstil, i.d.R. im Rahmen der Definition/Subsumtion
  - **Hinleitung**: im üblichen Schreibstil
  - **Einleitung:** vom Gesetz zum Problem
  - **Darstellung:** Inhalt der Meinung, Subsumtion, Vergleich der Subsumtionen, ggf. Entscheidung soweit erforderlich; Sachargumente, gestützt durch Auslegungsmethoden und Argumentationsfiguren;
- **Geschlossenheit und Nachvollziehbarkeit**

10. Schritt

Schlusskontrolle

- **Vollständigkeit und Plausibilität:** insbesondere Obersätze und Ergebnisse
- **im Notfall bei Fehlern**: Ruhe bewahren, gründlich prüfen, abwägen, ggf. optisch ansprechende Korrektur

C. Zum Beispielsfall

Das **Gutachten (9. Schritt)** könnte in etwa so lauten:

„Gutachten

A verlangt von F insofern zu Recht Ersatz, wie A gegen F einen entsprechenden Anspruch hat.

I. A könnte gegen F einen Anspruch auf Aufwendungsersatz aus §§ 670, 662 BGB* haben.

[Fußnote am Ende der ersten Seite: *Paragraphenangaben ohne Kennzeichnung beziehen sich auf das BGB.]

Dies erfordert allerdings eine Einigung von A und F über einen Auftragsvertrag i.S.d. § 662. Eine Einigung setzt wiederum zwei nach Maßgabe der §§ 145 ff. korrespondierende Willenserklärungen namens Angebot und Annahme voraus.

Ein Angebot könnte in dem Hilferuf der F zu sehen sein. Eine Willenserklärung ist aber nur gegeben, soweit ein Verhalten vorliegt, das objektiv zumindest auf einen Handlungswillen und einen Rechtsbindungswillen schließen lässt.

1. F befand sich zwar in einer Notsituation, aber gleichwohl geschahen ihre Rufe nicht reflexartig, sondern willentlich gesteuert. F hatte daher aus objektiver Sicht Handlungswillen.

2. Rechtsbindungswille erfordert den Willen, sich aufgrund der Handlung in irgendeiner Hinsicht rechtlich zu binden.

F rief aber nicht um Hilfe, um sich rechtlich durch einen Vertragsschluss zu binden. Es ging ihr vielmehr – rein tatsächlich und objektiv erkennbar – darum, dass ihr jemand zur Hilfe kommt. F hatte daher keinen Rechtsbindungswillen.

<u>Zwischenergebnis:</u> Demzufolge liegt kein Angebot der F vor, also keine Einigung zwischen A und F. Mithin besteht zwischen A und F kein Auftragsvertrag. Daher hat A gegen F keinen Anspruch auf Aufwendungsersatz aus §§ 670, 662.

II. A könnte gegen F einen inhaltsgleichen Anspruch aus §§ 670, 683, 677 ff. haben.

1. A müsste beim Trennen der Hunde ein für sich fremdes Geschäft der F geführt haben. Darunter fällt jedes Tätigwerden in einem fremden Interessenkreis, hier im Interessenkreis der F.

Es lag im Interesse der F, dass die Hunde getrennt werden, damit ihr Pinscher keine Schäden durch den aggressiven Schäferhund nimmt. Mithin lag ein Geschäft der F vor, welches für A objektiv fremd war.

2. Aus § 687 Abs. 1 ergibt sich ferner, dass A Fremdgeschäftsführungsbewusstsein und -willen gehabt haben muss. A muss also die Fremdheit gekannt haben und das Geschäft in Anerkennung dieser Fremdheit geführt haben.

Beim objektiv-fremden Geschäft wird der Fremdgeschäftsführungswille ohnehin vermutet. Anhaltspunkte, die gegen einen solchen Willen des A sprechen, sind zudem nicht ersichtlich.

3. A handelte auch ohne Auftrag, ein solcher ist gerade nicht zustande gekommen, s.o. I.

4. Wie von § 683 S. 1 gefordert lag die Hilfeleistung des A im objektiven Interesse der notleidenden F. Sie geschah zudem in Übereinstimmung mit dem insofern deckungsgleichen subjektiven Willen der F, den diese durch ihren Hilferuf sogar ausdrücklich geäußert hatte.

5. Rechtsfolge und Anspruchsinhalt ist nach dem Wortlaut des § 670 der Ersatz von „Aufwendungen".

a) Aufwendungen sind freiwillige Vermögensopfer. A hat zwar Vermögensopfer erlitten, aber nicht freiwillig. Vielmehr sind A ausschließlich unfreiwillige Vermögensopfer, also Schäden entstanden.

Sinn und Zweck des § 670 ist aber, den altruistischen Geschäftsführer von jeder Vermögenseinbuße freizustellen. Das muss insbesondere gelten, wenn – wie auch vorliegend A – jemand selbstlos und aus Zivilcourage in einer Notlage hilft. Wenn also das Gesetz sogar freiwillig erbrachte Vermögensopfer kompensieren lässt, dann müssen erst recht unfreiwillig erlittene Vermögensopfer vom Geschäftsherrn ersetzt werden.

Allerdings muss es sich um typischerweise mit der Geschäftsführung einhergehende Begleitschäden handeln, um eine übermäßige Haftung des Geschäftsherrn, insbesondere für Zufallsschäden, zu verhindern.

b) Dementsprechend sind A jedenfalls die materiellen Vermögensopfer zu ersetzen. Dazu zählen die Schäden am Körper und am Anzug, welche beide auch typischerweise mit dem Zurückhalten eines angreifenden Hundes einhergehen. Gemäß § 249 Abs. 1 erfolgt der Ersatz grundsätzlich durch Herstellung des Zustands, wie er ohne die Schädigung bestünde, in Natur. Nach § 249 Abs. 2 S. 1 kann A stattdessen aber auch den für die Herstellung erforderlichen Geldbetrag verlangen, also die Heilbehandlungskosten für seinen Körper und die Reparaturkosten für den Anzug.

c) Möglicherweise kann A auch ein angemessenes Schmerzensgeld verlangen. Als das Schmerzensgeld rein auf ungeschriebenem Richterrecht beruhte, schien es sehr zweifelhaft, ob eine solch extensive Auslegung des § 670 geboten war. Seit der ausdrücklichen Kodifizierung des Schmerzensgeldes in § 253 Abs. 2 zum Jahresbeginn 2002 wird man aber das Schmerzensgeld als einen Schadensposten begreifen müssen, der gleichwertig neben den materiellen Schäden i.S.d. § 249 steht. Daher kann A auch ein angemessenes Schmerzensgeld verlangen.

Zwischenergebnis: A hat gegen F einen Anspruch aus § 670 auf Ersatz der Schäden an seinem Körper und am Anzug, wahlweise in Natur oder in Geld, sowie auf ein angemessenes Schmerzensgeld. Die konkrete Höhe der Zahlungspflichten kann aus den vorliegenden Sachverhaltsinformationen nicht hergeleitet werden.

III. A könnte gegen F einen inhaltsgleichen Anspruch aus § 823 Abs. 1 haben.

1. Körper und Eigentum des A, zwei seiner absolut geschützten Rechtsgüter, sind verletzt.

2. Handlung der F war ihr Hilferuf nebst vorherigem Spazierengehen.

3. Die Handlung müsste für die Rechtgutverletzung kausal gewesen sein. Sie hat als conditio sine qua non die Rechtsgutverletzungen insofern äquivalent-kausal verursacht, als bei ihrem Hinwegdenken auch die Rechtsgutverletzung entfiele. Ferner war der Eintritt der Verletzung nicht vollkommen unwahrscheinlich, sodass die Handlung auch adäquat-kausal war.

Zweifelhaft ist hingegen, ob dem Schutzzweck des § 823 Abs. 1 nach auch solche Schäden als kausal angesehen werden können, die zwar mittelbar durch die Handlung des Anspruchsgegners verursacht wurden, aber unmittelbar auf einem freiwilligen Verhalten des Anspruchstellers (hier: das Eingreifen des A) beruhen. Um aber den Geschädigten umfassend vor dem auslösenden Verhalten des

Anspruchsgegners zu schützen, ist anerkannt, dass auch vom Anspruchsgegner herausgeforderte Selbstschädigungen kompensiert werden müssen. Voraussetzung dafür ist, dass der Anspruchsgegner ein erhöhtes Risiko schafft, welches objektiv nachvollziehbar und subjektiv für den Anspruchsgegner erkennbar den Anspruchsinhaber zur Selbstschädigung veranlasst (sog. Herausforderungsformel).

F hat durch ihre Hilferufe das Risiko des A, von einem Hund gebissen zu werden, erhöht. Angesichts der Notlage der F und auch der Strafdrohung des § 323 c StGB war es nachvollziehbar, dass A der F zur Hilfe eilt. Das konnte F nicht nur erkennen, sie hat es sogar bezweckt.

Mithin hat F die Selbstschädigung des A herausgefordert. Auch dem Schutzzweck des § 823 Abs. 1 nach war die Handlung der F kausal für die Verletzung der Rechtsgüter des A.

4. Die Handlung der F war auch rechtswidrig. Gegenüber dem Halter des Schäferhundes könnte sie sich womöglich auf Rechtfertigungsgründe berufen, nicht jedoch gegenüber dem für den Angriff nicht verantwortlichen A.

5. F müsste die Rechtsgutverletzung aber auch verschuldet haben. Vorsätzlich, insbesondere willentlich hat F die Verletzung nicht ausgelöst. Fahrlässigkeit liegt gemäß § 276 Abs. 2 vor, soweit F die im Verkehr erforderliche Sorgfalt außer Acht gelassen hat. Zudem ist erforderlich, dass die Gefahr (nicht, wie oben, das Einschreiten des A) vorhersehbar war.

Es erscheint zweifelhaft, ob ein Hundeführer generell und stets vorhersehen muss, dass er von einem anderen, freilaufen Hund angefallen wird. Angaben, dass dies im konkreten Fall angesichts der konkreten Beschaffenheit der Örtlichkeit der Fall war, enthält der Sachverhalt jedenfalls nicht. Unabhängig davon hatte F ihren Pinscher aber angeleint, sodass sie die von ihr persönlich geforderte Sorgfalt – anders als womöglich der Halter des Schäferhunds – beachtet hat.

Zwischenergebnis: Mithin handelte F auch nicht fahrlässig. Daher hat A gegen F keinen Anspruch aus § 823 Abs. 1.

IV. Schließlich könnte A gegen F einen inhaltsgleichen Anspruch aus § 833 S. 1 haben.

1. F ist Halterin des Pinschers.

2. Der Körper des A ist verletzt und sein Anzug ist beschädigt.

3. Der Pinscher ist kein Nutztier i.S.d. § 833 S. 2 und daher ein der Gefährdungshaftung des § 833 S. 1 unterfallendes Luxustier, sodass F verschuldensunabhängig haftet.

4. Über den Wortlaut hinaus muss sich allerdings auch die typische Tiergefahr eines Pinschers realisiert haben. Das ist über den Wortlaut hinaus erforderlich, um die gegenüber § 823 Abs. 1 geringeren Verschuldensanforderungen zu rechtfertigen und die Haftung nicht ausufern zu lassen.

Es ist für Hunde typisch, dass sie sich einander nähern und miteinander in Aktion treten. Dass dies nicht immer freundlich-spielerisch, sondern – wie vorliegend – auch angreifend-kämpferisch geschehen kann, ist daher die typische Tiergefahr eines Pinschers und eines jeden Hundes.

5. Die Rechtsfolge und der Anspruchsinhalt richtet sich ebenfalls nach §§ 249, 253 Abs. 2. § 253 Abs. 2 ist auf § 833 S. 1 als klassischen Schadensersatzanspruch unproblematisch anwendbar, im Übrigen bestehen keine Unterschiede zu den Ausführungen unter II. 5.

Endergebnis: A hat gegen F einen Anspruch auf Ersatz seiner Schäden am Körper und am Anzug, wahlweise in Natur oder in Geld, sowie auf ein angemessenes Schmerzensgeld aus §§ 670, 683, 677 ff. sowie aus § 833 S. 1, jeweils i.V.m. §§ 249, 253 Abs. 2."

Es folgt die **Schlusskontrolle (10. Schritt)**.

5. Abschnitt: Ausschöpfen der Bearbeitungszeit

Ihr oberstes Ziel lautet **Fertigwerden** und zwar in der folgenden, gestuften **Prioritätenliste**:

- Das Gutachten muss zuvorderst nach seiner **äußeren Struktur fertig** sein, d.h. zu jeder Rechtsfrage, die Sie per Obersatz aufgeworfen und sodann abgehandelt haben, muss ein **Ergebnis** formuliert sein. Am allerwichtigsten ist das **Endergebnis**, welches eine Antwort auf den ersten Obersatz liefert, welcher wiederum direkt an die Fallfrage anknüpft. Sie müssen am Ende der Bearbeitungszeit ein vollständiges Gutachten vorlegen. Es **springt sofort ins Auge, wenn (Zwischen-)Ergebnisse fehlen**.

- Das Gutachten muss ferner insofern **inhaltlich fertig** sein, als dass **alle** vom Sachverhalt und der Fallfrage angelegten **Rechtsfragen** abgehandelt werden. Lücken fallen auch hier auf, wobei die Musterlösungen des Aufgabenstellers hier mitunter Spielraum lassen. Die Grenze ist etwa in Strafrechtsklausuren fließend, wenn es darum geht, welche eindeutig nicht erfüllten Straftatbestände mit geringer Strafdrohung man mit einem Satz anspricht und welche überhaupt nicht.

- Schließlich muss das Gutachten insofern **inhaltlich fertig** sein, als dass die **Rechtsfragen in der gebotenen Länge bzw. Kürze** abgehandelt werden. Die Problemdichte steuert die Darstellungstiefe. Die Länge bzw. Kürze der Ausführungen ist aber nicht konkret festgelegt. Die Korrektoren (und daher auch Sie) haben hier einen weiten Spielraum. Falsch sind insofern nur deutliche Abweichungen nach oben oder unten, weil diese Ausdruck mangelnder Schwerpunktsetzung sind.

A. Zeitmanagement

Ihr **Blick** muss von der ersten bis zur letzten Minute der Bearbeitungszeit **ständig hin und her pendeln**, mit verschiedenen Prioritäten je nach Arbeitsphase:

- **Uhr:** Wie viel Zeit ist noch?

- **Lösungsskizze** (sobald und soweit erstellt): Wie habe ich das gedanklich gelöst? Was davon muss ich noch ins Gutachten schreiben?

- **Ideenzettel** (sobald und soweit erstellt und noch nicht vollständig abgearbeitet): Fehlt noch etwas in der Lösungsskizze?

- **Gutachten** (sobald und soweit erstellt): Welche Teile der Lösungsskizze habe ich schon ausformuliert?

- In der Hektik den **Sachverhalt** nebst **Fallfrage** nicht vergessen: Was ist nochmal genau passiert? Was war nochmal genau gefragt? Heißt der Täter „A" oder war es doch „B"?

- Und immer wieder auf die **Uhr**: Wie viel Zeit ist noch?

Besonders wichtig wird dies mit dem Beginn des Niederschreibens des Gutachtens. Sie müssen die **Ausführlichkeit der Niederschrift permanent der verbleibenden Zeit anpassen**. Denn Sie wollen und müssen ja unbedingt innerhalb der Bearbeitungszeit fertig werden. Sie wollen aber auch nicht deutlich vor dem Ende der Bearbeitungszeit fertig werden, denn dann verschenken Sie Zeit, die Sie bei den Schwerpunkten in ausführlichere Denkarbeit oder längere Ausführungen hätten investieren können.

Ideal ist eine **Punktlandung**, bei der Ihnen **für den 10. Arbeitsschritt maximal noch zwei Minuten verbleiben**. Am Anfang fällt dies erfahrungsgemäß sehr schwer, aber mit der nötigen Übung wird Ihnen diese sowohl bei Semesterabschlussklausuren als auch bei Examensklausuren gelingen.

Sie sollten hingegen **nichts** auf minimale oder maximale **Seitenzahlvorgaben**, die auf dem Campus herumgeistern, geben. Bei Hausarbeiten werden diese zwar von der Universität vorgegeben, dann aber auch zusammen mit Schriftart und -größe und vor allem, um zu verhindern, dass in der sehr langen Bearbeitungszeit viel zu lange Arbeiten geschrieben werden. Die Länge einer Klausurbearbeitung hängt hingegen entscheidend von Größe und Ausgestaltung der Handschrift ab, und in wenigen Stunden kann man kaum viel zu viel schreiben.

Der Trick besteht darin, aufkommende **Zeitprobleme** mit den folgenden **Techniken** zu korrigieren. Je **frühzeitiger und häufiger** Sie dies tun, umso weniger müssen Sie ganz am Ende eine wesentliche Korrektur vornehmen. Beginnen Sie damit also, sobald Sie die erste Seite des Gutachtens niederschreiben:

- Falls Sie **zu viel Zeit** haben, was in aller Regel ein Luxusproblem ist, dann
  - schreiben Sie insbesondere **zu den zentralen Problemen** etwas **mehr**, indem Sie gründlicher auslegen und subsumieren sowie ausführlicher und tiefgehender argumentieren und
  - **schreiben** Sie etwas **langsamer**, aber dafür **lesbarer**.
- In der Regel werden Sie (gefühlt) **zu wenig Zeit** haben. Dann machen Sie **möglichst geringfügige Abstriche bei der Länge der einzelnen Ausführungen** und lassen Sie im äußersten Notfall einzelne verzichtbare Prüfungspunkte ganz weg. Die oberste Priorität, die Ablieferung einer fertigen Struktur mit Ergebnissen, tasten Sie keinesfalls an.
  - Lassen Sie **einzelne Argumente** weg. Es ist nicht kriegsentscheidend, ob Sie für jede Meinung bzw. Auslegungsvariante drei oder zwei Argumente nennen.
  - Fassen Sie **einzelne Auslegungsvarianten bzw. Meinungen** zusammen bzw. lassen Sie sie weg, wenn sie letztlich zum selben Ergebnis kommen. Es ist nicht kriegsentscheidend, wie

viele Unteransichten Sie auswendig herunterbeten können, sondern welche Sachargumente Sie parat haben.

- Verwenden Sie einen **Schreibstil**, der **kürzer** ist als der eigentlich geplante. Insbesondere der Wechsel vom ausführlichen in den verkürzten Gutachtenstil spart Zeit.

- **Lassen** Sie etwas (!) großzügiger **Prüfungspunkte offen**, die nicht zu den großen Kernproblemen der Klausur gehören und auf die es für das nächste (Zwischen-)Ergebnis nicht ankommt. Deuten Sie aber möglichst in Schlagworten zumindest an, was Sie problematisieren und näher ausführen würden, wenn Sie die Zeit hätten. Je tiefer die Gliederungsebene des Punktes liegt, umso minimalintensiver ist der Eingriff. Sie sollten diese Technik also eher in der „aa)bb)cc)-Ebene" als in der „A.B.C.-Ebene" wählen.

  Beispiel: „Zweifelhaft ist bereits, ob ein Anspruch aus § 433 Abs. 1 S. 1 BGB für K entstanden ist, insbesondere könnte die hierfür erforderliche Einigung gemäß § 138 Abs. 1 BGB nichtig sein. V hat dem K aber ohnehin des Pkw übergeben und übereignet, sodass ein solcher Anspruch jedenfalls gemäß § 362 Abs. 1 BGB durch Erfüllung erloschen wäre."

  Beispiel: „Möglicherweise ist Wasser mit einer Temperatur von 70 ° Celsius „heiß" i.S.d. § 5 XY-Gesetz. Dafür sprechen der Wortlaut, die Systematik und ein Erst-Rechts-Schluss aus § 12 XY-Gesetz, dagegen sprechen allerdings der Sinn und Zweck des § 5 XY-Gesetz und eine an Art. 14 Abs. 1 S. 1 Var. 1 GG orientierte, verfassungskonforme Auslegung.
  Gemäß § 1 XY-Gesetz muss das Wasser aber ohnehin nicht nur „heiß", sondern auch „hart" i.S.d. § 6 XY-Gesetz sein, also mindestens 10 ° dH aufweisen. Das in Rede stehende Wasser im Tank des A hat aber nur 8 ° dH."

- Notfalls verwenden Sie **Stichworte** („Rechtswidrigkeit (+)"), wenn Sie meinen, dass die geringe Zeitersparnis im Vergleich zu einem vollständigen, aber knappen Satz das Wert ist.

Die Vorgehensweise lässt sich mit einer **Autobahnfahrt** vergleichen, bei der Sie laut Prognose des Navigationsgeräts Ihren **Zielort in exakt 120 bzw. 300 Minuten erreichen** werden und dies auch wollen. Sie schauen auf der Fahrt immer wieder, welche Ankunftszeit das Navigationsgerät anzeigt. Hin und wieder kommt es zu unerwarteten **Verzögerungen**, die Ihre prognostizierte Ankunftszeit nach hinten verschieben. Sie reagieren, indem Sie auf freier Strecke **schneller** als üblich **fahren**, um die prognostizierte Ankunftszeit nach vorne zu verlagern. Sie fahren aber auch **nicht ohne Grund zu schnell**, da das nur unnötig mehr Sprit verbraucht und Ihnen eine frühere Ankunft nichts bringt. Zu Beginn der Fahrt ist die Prognose relativ vage und sie schwankt stark und ständig, worauf Sie eher grob und nach Gefühl reagieren. Je näher jedoch das Ziel rückt, umso verlässlicher und fixer wird die Prognose, während Sie gezielter und kalkulierter reagieren.

B. Zeiteinteilung

Als **Faustregel** gilt:

- Bei einer **zweistündigen Semesterabschlussklausur** sollten Sie etwa **15-20 Minuten** auf die Sachverhaltserfassung (erster Arbeitsbereich), etwa **40-45 Minuten** auf die gedankliche Lösung des Falls nebst Lösungsskizze (zweiter Arbeitsbereich) und etwa **60 Minuten** auf die Erstellung des Gutachtens (dritter Arbeitsbereich) verwenden.
- Bei einer **fünfstündigen Examensklausur** sollten Sie etwa **30 Minuten** auf die Sachverhaltserfassung, **90 Minuten** auf die gedankliche Lösung des Falls nebst Lösungsskizze und etwa **180 Minuten** auf die Erstellung des Gutachtens aufwenden.

Je nach **Einzelfall** müssen Sie diese Richtwerte **anpassen**.

- Bei einer Klausur mit **einfach gelagertem Sachverhalt** und/oder **zahlreichen Standardproblemen** aus **oft geprüften Rechtsgebieten** müssen Sie tendenziell mehr schreiben und daher früher damit beginnen.
- Bei Klausuren mit **komplexen Sachverhalten** und/oder **versteckten Spezialproblemen aus entlegenen Rechtsgebieten** müssen Sie mehr gedankliche Vorarbeit leisten. Sie können daher erst später mit dem Schreiben beginnen – das weiß auch der Prüfer, der daher keinen Anstoß an einem relativ kurzen Gutachten nehmen wird.
- Im **Strafrecht** bringt es die Kombination aus Tatkomplexen, zu prüfenden Tätern und nebeneinander einschlägigen Straftatbeständen mit sich, dass Sie **relativ viel** schreiben müssen, also sollten Sie damit generell relativ früh beginnen.

6. Abschnitt: Formalia

Semesterabschluss- und Examensklausuren sind Bestandteil eines Prüfungsverfahrens. Für Verfahren gelten stets bestimmte formelle Anforderungen. Diese müssen Sie zuvorderst einhalten, damit Ihre Klausur nicht **aus formellen Gründen schlechter oder nicht bewertet** wird. Zudem gilt auch insofern wieder, dass Abweichungen von der Norm den Prüfer zumindest unterschwellig in eine negative Grundhaltung bei der Korrektur Ihres Gutachtens versetzen.

Es werden die üblichen Formalia dargestellt. Sie müssen sich informieren, welche **konkreten Anforderungen** Ihre **Universität** bzw. Ihr **Prüfungsamt** stellt. Diese können im Einzelfall abweichen!

A. Semesterabschlussklausuren

Für **Semesterabschlussklausuren** gilt Folgendes:

I. Vorbereitung

Alles, was Sie **vor Beginn der Bearbeitungszeit** tun dürfen, sollten Sie tun, während Sie auf den Startschuss warten.

- Legen Sie sich Ihre **Gesetzessammlungen** und **Schreibwerkzeuge** zurecht.
- Legen Sie eine verlässliche **Uhr** auf den Tisch bzw. an den Arm an. Benutzen Sie hingegen **nicht** die Uhrfunktion Ihres **Handys**, denn als mögliches Täuschungsmittel dürfen Sie dieses ohnehin nicht in Ihrer Nähe haben.
- Sorgen Sie für ausreichend **Papier** und platzieren Sie es entsprechend seiner geplanten Verwendung (Stichwortzettel, Skizzen- und Konzeptpapier, Papier für das Gutachten) auf dem Tisch. Falls Sie das Papier selbst mitbringen dürfen bzw. müssen, dann wählen Sie für das **Gutachten** auf jeden Fall **liniertes Papier** in **DIN-A4**, welches – zugunsten der Lesbarkeit und Beschreibbarkeit – **kein Recyclingpapier** ist. Schrift auf kariertem Papier kann man nur schwer lesen, und auf Blankopapier wird das Schriftbild leicht schief und uneinheitlich.

  Sie können zwecks realistischer Übung bereits für Ihre Trainings- und Semesterabschlussklausuren **Papier in Examensoptik** erwerben. Auch Alpmann Schmidt hat Klausurblöcke im Programm, jedes andere linierte Papier tut es aber natürlich auch.

- Fertigen Sie ein **Deckblatt** an. Auf diesem stehen Name, Matrikelnummer, Anschrift, Semesterzahl. Ferner der Name des Dozenten und der Vorlesung/Veranstaltung, zu welcher die Klausur gehört.
- **Knicken** Sie auf dem Papier für das Gutachten einen **Rand** ab, 1/3 oder besser 1/2 Seite, wenn dort keiner eingezeichnet ist.
- **Nummerieren** Sie die Blätter für das Gutachten fortlaufend mit arabischen Seitenzahlen. Wenn Sie auf Nummer sicher gehen wollen und die Zeit dafür haben, dann notieren Sie zudem auf jedem Blatt Ihren Namen oder Ihre Initialen und die Matrikelnummer. Sollten Sie später Seiten einschieben (s.o.), dann erhalten diese Seitenzahlen mit Buchstabenzusatz.

  Beispiel: 1, 2, 3, 4, 4a, 4b, 5, 6, ...

II. Durchführung

Gewöhnen Sie sich an, in die **erste Zeile mittig** das Wort **„Gutachten"** zu schreiben. Bis zum ersten Examen müssen Sie in Klausuren zwar in aller Regel Gutachten niederschreiben, zum zweiten Examen kommen aber andere Darstellungsformen hinzu.

Es ist nicht erforderlich und **falsch**, den **Sachverhalt** eingangs **nachzuerzählen** oder gar **abzuschreiben**. Der Prüfer kennt den Sachverhalt. Wie ausgeführt bringen Sie den Sachverhalt ausschließlich im gebotenen Umfang im Rahmen der Subsumtionen.

Denken Sie wie bereits ausgeführt ggf. daran, in einer Fußnote darauf hinzuweisen, auf welches Gesetz sich **Normzitate ohne Gesetzesangabe** beziehen. Zitieren Sie im weiteren Verlauf, so oft und so genau wie möglich, die Gesetze.

Im Übrigen setzen Sie **keinerlei Fußnoten**. Insbesondere gehören in die Klausur keine **Zitatfundstellen** von Urteilen, Kommentaren, Lehrbüchern, Skripten usw. Sie erhalten dafür keine Punkte und gelten sofort als Nerd, weil Sie so etwas auswendig wissen. Die Punkte sammeln Sie mit dem engmaschigen Zitieren des Gesetzes und (selbst hergeleiteten oder auswendig gewussten) Sachargumenten, die Sie so formulieren, als hätten Sie sich die Argumente just selbst hergeleitet.

Ihr Gutachten endet natürlich mit einem **Endergebnis**, es beendet aber noch nicht die Prüfungsleistung. In der allerletzten Zeile müssen Sie nämlich **unterschreiben**, damit sichergestellt ist, dass niemand eine Klausur für einen anderen schreibt.

III. Abgabe

Am Ende der Bearbeitungszeit geben Sie einen Stapel Papier ab, bestehend aus **Deckblatt**, **Sachverhalt** (es sei denn, Sie müssen und möchten diesen nicht abgeben), unterschriebenem **Gutachten** und **Konzeptpapier**.

Sorgen Sie in Ihrem eigenen Interesse mit den erlaubten Werkzeugen dafür, dass das Papier **fest zusammengeheftet bzw. zusammengetackert** ist. Bringen Sie sicherheitshalber selbst eins mit. Ein Heftstreifen oder Schnellhefter hat den Vorteil, dass Sie mit ihm die Blätter bereits zu Beginn fest einheften und jederzeit Blätter ergänzen oder entfernen können.

B. Examensklausur

Für die Formalien einer Examensklausur gelten **grundsätzlich dieselben Anforderungen** wie für Semesterabschlussklausuren.

Das **Deckblatt** und das **Papier** wird in aller Regel von den Prüfungsämtern zur Verfügung gestellt.

Um eine unvoreingenommene Korrektur zu gewährleisten, werden die Examensklausuren **anonymisiert** geschrieben. Ihnen wird daher vor der ersten Klausur eine **Prüfungskennziffer** zugeteilt. Achten Sie darauf, dass auf Ihrem Deckblatt die korrekte Kennziffer steht. Wenn Sie die Zeit haben, dann notieren Sie auf jedem Blatt des Gutachtens (anstatt Ihres Namens bzw. Ihrer Initialen und Ihrer Matrikelnummer) Ihre Kennziffer. Unter dem Endergebnis dürfen Sie **nicht unterschreiben**. Stattdessen sollten Sie das Ende mit den Worten **„Ende der Bearbeitung"** kennzeichnen.

7. Abschnitt: Üben, Üben, Üben!

Die Theorie der Methodik ist Ihnen nun bekannt. Beginnen Sie sofort, Ihre methodischen Fähigkeiten zu **üben**. Sie werden momentan viel Zeit auf das Erlernen, Vertiefen und Wiederholen des dogmatischen Wissens aufwenden, gleich ob Sie im ersten Semester sind oder kurz vor den Examensklausuren stehen. Das Wissen ist aber trotzdem nur die halbe Miete, die andere ist das Anwenden.

Folgende **Übungsmöglichkeiten** haben Sie, je nach Ausbildungsstand:

- Besuchen Sie die **„AGs"** (**Arbeitsgemeinschaften**), die Ihre Universität für die Anfangssemester anbietet. Dort werden Fälle gelöst und manchmal auch Übungsklausuren mit Korrektur angeboten. Gründen Sie daneben, insbesondere in der Examensvorbereitung, **private Arbeitsgemeinschaften**, in denen Sie regelmäßig Fälle lösen.

- Besorgen Sie sich **Übungsfälle und Übungsklausuren**, passend zu Ihrem Studienfortschritt. Zeitlose Falllösungen finden Sie in den gängigen Ausbildungszeitschriften und in Fallsammlungen (z.B. in der Reihe „F-Fälle" von Alpmann Schmidt, nebst Musterlösung). Wenn Sie sich in den mittleren und hohen Semestern befinden, dann werfen Sie auch einen Blick in die Ausbildungszeitschrift RÜ-RechtsprechungsÜbersicht von Alpmann Schmidt, in welcher aktuelle, examensverdächtige Urteile im Gutachtenstil gelöst werden. Besuchen Sie ferner den **Exa-**

mensklausurenkurs Ihrer Universität und/oder melden Sie sich für den staatlich zugelassenen K1-Fernklausurenkurs von Alpmann Schmidt an.

- **Schreiben** Sie zu den Übungsfällen und -klausuren vollständige **Gutachten**. Und zwar idealerweise wie im Ernstfall, d.h. ohne Rauch- und Kaffeepausen, ohne Handy und Internet sowie ohne Gespräche mit Kommilitonen. Lassen Sie diese von Ihrem AG-Leiter, Ihren Kommilitonen oder im Rahmen der oben genannten Klausurenkurse korrigieren.
- Wenn Sie **wenig Zeit** haben und/oder den **Schwerpunkt** nicht auf das Schreiben weniger Gutachten, sondern auf das **gedankliche Durchlösen vieler Klausuren** legen wollen, dann hören Sie nach der Lösungsskizze auf, vergleichen diese mit der Musterlösung und verzichten auf die Anfertigung des Gutachtens.

Insbesondere für Ihre ersten zweistündigen sowie fünfstündigen Übungsklausuren gilt: **Nur Mut! Fangen Sie einfach an!** Wie beim Erlernen des Radfahrens werden Sie am Anfang Rückschläge erleben. Lernen Sie aus Ihren Fehlern, und machen Sie es beim nächsten Mal besser. Eins steht jedenfalls fest: **Ohne Übung werden Sie das Klausurenschreiben nie beherrschen**.

Damit Anfangssemester ein Gefühl dafür bekommen, wie man an eine Semesterabschlussklausur herangeht, stellt Alpmann Schmidt je eine **kostenlose Übungsklausur** zu den Themen des ersten bzw. zweiten Semesters zur Verfügung, inklusive besonders ausführlich erläuterter Musterlösung. Sie können diese Klausuren hier herunterladen:

- Öffentliches Recht – Grundrechte: goo.gl/Xvesn5
- Strafrecht AT: goo.gl/ZLhy4l
- Zivilrecht BGB AT: goo.gl/pkytWW

Je besser Sie sich vorbereiten und üben, desto weniger hängen Ihre Klausurergebnisse vom Zufall ab. Ein bisschen Glück gehört zwar immer dazu, aber gewünscht sei Ihnen vor allem eines:

Viel Erfolg!

Den Überblick behalten ...

Überblick
Die Klausur im Zivilrecht

Dr. Tobias Wirtz,
Rechtsanwalt und Repetitor

Dr. Jan Stefan Lüdde,
Rechtsanwalt und Repetitor

1. Auflage 2017
ISBN 978-3-86752-563-3

Überblick
Die Klausur im Strafrecht

Dr. Mathis Bönte, Rechtsanwalt

Dr. Rolf Krüger, Rechtsanwalt,
FA Strafrecht und Repetitor

1. Auflage 2018
ISBN 978-3-86752-579-4

Überblick
Die Klausur im Öffentlichen Recht

Horst Wüstenbecker,
Rechtsanwalt

1. Auflage 2016
ISBN 978-3-86752-490-2

... mit Alpmann Schmidt!

Alpmann Schmidt

RÜ
Ihre Examensfälle von morgen
RÜ RechtsprechungsÜbersicht
RÜ
Das bietet die RÜ
Darstellung aktueller examensrelevanter **Gerichtsentscheidungen** so, wie sie im 1. Examen gefordert werden – **im Gutachtenstil** // **RÜ-Check:** Die wichtigsten Informationen des jeweiligen Hefts in **Frage und Antwort zur Lernkontrolle** // Abonnentenservice: Die komplette RÜ ab dem 20. des Vormonats online lesen.
Der Erfolg gibt uns Recht. Immer wieder orientieren sich Examensklausuren an Gerichtsentscheidungen, die zuvor in der RÜ klausurmäßig aufbereitet wurden. Die Examenstreffer der RÜ finden Sie unter: **blog.alpmann-schmidt.de/rue-hitlist**
AS
Alpmann Schmidt